मोहब्बत के सिवा?

-विशु

मोहब्बत के सिवा ?
-विशु
#1157 सिंघा देवी,नाडा, नयागांव एस ऐ एस नगर (मोहाली)
पंजाब – 160103

© 2024 विशु

फ़ोन- +91-6284-780-980

प्रकाशक: स्व-प्रकाशित
प्रथम संस्करण

मूल्य : ₹200

Mohabbat Ke Siva?
By Vishu
#1157 Singha Devi, Near Nada, Nayagaon SAS
Nagar (Mohali) Punajb- 160103
Phone : +91-6284-780-980

Email : vishalmanyaria123@gmail.com

First Edition : 2024
Price : ₹200

भूमिका

मोहब्बत के सिवा? सिर्फ किताब नहीं, यह सवाल है मेरा ज़माने से, यह सवाल है मेरा खुद से कि क्या मोहब्बत के सिवा? दुनिया में कुछ भी नही या मोहब्बत के सिवा? दुनिया में बहुत कुछ है, ये सवाल ऐसा है कि इस पर बहस छिड़ जाए तो सदियाँ बित जाए, क्योंकि इस सवाल को देखने का नज़रिया हर उम्र में अलग- अलग है। किशोर, जोबन और बुज़ुर्ग रूत में इस सवाल को देखने का नज़रिया बदल जाता है। इसलिए हर दृष्टिकोण को मध्य नज़र रखते हुए इस सवाल के जवाबों को खोजकर उन्हें इस किताब में उकेर कर आप सबके के हवाले छोड़ दिया है।

अनुक्रम

ग़म का तशहीर 09

दुख और हैरत 11

तुम याद आती हो। 13

बात न बदलो 16

बदलाव की ज़रूरत नहीं 19

शुक्र है 22

हकीकत, ख़्वाब एक से 24

अफवाह 27

नज़रिया 30

कोशिश 31

क्या कहूँगा? 33

सात हम-शक्ल 36

चेतावनी 39

आत्म संदेह 42

एक ख़त 44

हम-सुख़न 47

ख़्वाब 49

दूसरी दुनिया 51

यादें 57

मणिपुर हादसा - 2023 58

एक आलम था... 60

आ नही सकता 62

एक ओर झूठ 64

हिज्र में मोहब्बत 67

रूमानी बारिश - 2023.................................... 70

माज़ी.. 73

घड़ी 77

सूरज बच्चा है अभी 78

अलग दोनों की दुनिया 79

राम की एक नई अदा हूँ मैं................................ 81

'जान' यही दिल ने प्यार से उसका नाम… 82

वाह तेरा हुस्न-ओ-अदाएँ, छी तेरी तमीज़ 83

वो तो साहिर है…. 84

वो कहे बादबाँ तना है 86

एक दफ़ा… 87

दिखा अहद का सबसे हसीन?............................. 88

तुम जो आज फिर मुझसे मिलने आए हो................ 89

तेरे राम का मैं राम-गुसार हो जाऊँ 90

ज़िंदगी का बस यही काम था............................. 91

कभी-कभी मैं तेरा भी इंतज़ार करता हूँ.................. 93

होठों पर हँसी बहुत… 94

मैं तुफानों से कशती नही निकालता....................... 95

अब आसमान से ओले नही शोले आएंगे.................. 96

जन्नत है.................. 97

घड़ी-घड़ी मेरे होने का तुझे भ्रम हो.................. 98

उसने कलाई काट कर अपना खून निक.................. 99

अब वो हवा दे तो बस लू लगती है.................. 100

ख़ुदा ने इख़्तियार बख़्शा.................. 101

शब-ए-हिज्र मेरे सर पर आई हुई.................. 102

किसी की जुदाई से हमें क्या लेना.................. 103

मुद्दतों बाद आज दराज़ खोला है.................. 105

न ज़रा सा... 106

चल बता हकीकत समझूँ या इसे भ्रम समझूँ.................. 107

हाँ, अब तुझे हक़ बराबर दूँगा.................. 108

ख़ुदा ने कैसा मोहब्बत का दलदल बनाया.................. 109

तुझे छोड़कर मैं, क्या खूब पछताता हूँ.................. 110

देर से.................. 112

फ़र्क.................. 114

खूबसूरत मलाल.................. 116

लंबे फासलों के रिश्ते.................. 118

उस ही जैसी.................. 121

मैं लायक नही तुम्हारे.................. 124

हैरत की तो बात है!.................. 126

ग़म का तशहीर[1]

चेहरा उतरा हुआ, आँखों तले तीरगी[2] से धब्बे
बाल बढ़े हुए, ज़िम्मेदारियों ने बाँध बनाया आँखों पर
सरमाये में हिज्र मिला शिद्दत से करना है काम
दर्द पीने के लिए कश्कोल[3] तैयार हो रहे चाकों पर

कलाल[4] से दोस्ती करवाई है इस तन्हाई ने मेरी
ख़ल्वत[5] में भी चुपके - चुपके आँसूओं से मिलवाती है
रफ़ूगरों को दिखाकर मेरे ये ज़ख़्म सारे
एक और नए ज़ख़्मों की कबा सिलवाती है

ये फिराक़ माली है मेरे चेहरे का सख्त
ये खुशियों को चेहरे के बाग़ से मायूसी न तोड़ने देगा
उन दर्दनाक यादों के काफिले की देकर मुफ्त मेम्बरी
भेज के यादों संग सफर में, आँसू माँगेगा न रोने की सदा होने देगा

एक हादसा जो पागल किए जा रहा है ज़हन को
एक रंज जो अंदर से खोखला कर रहा है
बस बाहर से दिखानी पड़ती है तबीयत ताज़ी
यूँ तो मुसलसल रोज़ रूह का कतरा मर रहा है

---

[1] तशहीर - प्रचार

[2] तीरगी – अँधेरा

[3] कश्कोल – भीख माँगने का बर्तन, फ़क़ीर का प्याला, भिक्षापात्र

[4] कलाल - शराब बनाने और बेचने वाला

[5] ख़ल्वत - एकांतवास

एक बे-दर्द की तस्वीर ज़हन में धुँधली हो चुकी
फिर क्यों अबतक बेदिली जवान है मेरी
आँसूओं के निशान चेहरे पर, उतरा हुआ चेहरा
बाल बढ़े हुए, आँखों तले धब्बे यही शान है मेरी

कुछ नहीं बोलता, किसी से बात नहीं करता
लोगों के लिए तस्वीर हो गया हूँ
तेरे हिज्र में जानां
मैं ग़म का तशहीर हो गया हूँ
तेरे हिज्र में जानां
मैं ग़म का तशहीर हो गया हूँ।

दुख और हैरत

ये जानकर दुखा है दिल तेरा के
मुझे कभी मोहब्बत हुई नहीं
हैरत हुई थी मुझे ये जानकर
के तूने किसी और संग दिल लगा लिया

मेरी हसरतें[6] भी अदब से भरी थी बिल्कुल
शर्म-ओ-हया की बिचारी, कभी छूने का भी न सोचा तुझे
कितने ही जज़्बों की चिता के धुँए भी न उठने दिए
कितनी बार तख़ईल[7] में दूर ही खड़ा सोचा तुझे

तू जब थर-थराते होठों से जज़्बात बताती थी
उमंगें परवाज़ भर कर ऊँचाईयाँ पकड़ती थी मेरी
मैं दोहराता था वही जज़्बे ज़हन में आँख मूंद कर
जिस्त में हँसी की आग दहकती थी मेरी

जब मोहब्बत चरम पर थी, जब रस्म अता हो चुकी थी सारी
तो चाहा था के मोहब्बत में आखिरी जिस्म रस्म अता न हो
हवस जैसे न थे मनसूबे अपने हवस परस्त न थी नज़रे
मोहब्बत की पाक़ीज़गी पर लगे न दाग़, मोहब्बत मे कोई खता न हो

जब मुलाकातों की बंदिश बढ़ी, तो कहा था तुमने
' ग़ैर हाज़िरी तुम्हारी से साँस खिंचे-खिंचे लगते हैं '

---

[6] हसरत - इच्छा, चाह
[7] तख़ईल - कल्पना

तू परेशान थी आरिज़[8] पर आए मुहासे के सबब
मैने कहा था कि चाँद पर दाग़ अच्छे लगते हैं

तू जब साँसे भरती थी तो छोड़ता था मैं साँसे
जब मैं साँसे भरता था तो छोड़ती थी तू साँसे
तुझे इलम था के, एक ही साँस की डोर पर जिन्दा है हम दोनों

क्या यही जज़्बात ही हमारी मोहब्बत का सबूत नहीं?
मुझमें जिन्दा है शायद तुझमें मोहब्बत के बचे वजूद नही?

मगर तूने भी ज़माने की बातों पर यकीन किया
शायद तेरे लिए मोहब्बत के मायने कुछ और है
तुने कैसे इनकी बातों पर यकीन किया
इनके   हकीकत के आईने कुछ और है

ये जानकर दुखा है दिल तेरा के
मुझे कभी मोहब्बत हुई नहीं
हैरत हुई थी मुझे ये जानकर
के तूने किसी और संग दिल लगा लिया।

---

[8] आरिज़ - गाल, रुखसार

तुम याद आती हो।

जब-जब देखता हूँ ज़मीन-
आसमान को मिलते बूँदों के राही
दरिया मिलतें हैं जब समुंदर से
ख़ुद को डोल कर सारा
फूल जब इश्क़ का रस देते हैं
भँवरों को मिलने के बहाने से
मुसव्विर[9] जब रंग-ओ-कैनवस का मिलन
करवा कर सबूत देता है शह-पारा[10]

जब कोई खिड़की से झाँक कर
देखता है महबूब को अक़ीदत[11] से
जब किसी को सफर में काँटे
चुभने से दर्द नही मज़ा आता है
जब पुर्वा में तेरी ख़ुशबू घुल कर
मेरी साँसों में उतरती है
जब कोई लड़का महबूब से
बात करते वक़्त शर्माता है

जब देखता हूँ किसी को उँगलियों
में उँगलियाँ डाले, पास से गुज़रते
एक ही चाय की प्याली में घूँट-घूँट

---

[9] मुसव्विर - चित्रकार
[10] शह-पारा - उत्तम कार्य
[11] अक़ीदत - श्रद्धा, प्रेम एवं आस्था

पीते, एक ही आईसक्रीम लेते
देखता हूँ जब किसी को बिना सर-पैर
की बातें करते फोन पर पहरों
जब पूस की शीत लहर के
सबब मेरे होंठ फट जाते

तब तुम याद आती हो
तब तुम याद आती हो

जब कोई अपने अधूरे प्यार
के सुनाता है अफसाने
शराब के नशे में धूत जब
कोई रटता है एक ही नाम बार-बार
जब हमनशीं का नाम लेने से
लड़खड़ा जाती है जुबान किसी की
जब कोई महबूब के छोड़ जाने
पर भी, करता है उससे दुगना प्यार

हँसते - हँसते रोने का
सबब नहीं बताता जब कोई
मज़ा आने लगता है जब
ख़ल्वतों में रहने का
यादें जब अज़ीज़ हो
जाती है, लोगों से ज्यादा
जब बार - बार जी
करता है रोने का

जब कोई अहद-ए-वफ़ा[12] करके
तर्क-ए-मोहब्बत[13] करता है
जब कोई एक ही नाम से डरता
और उस ही से मोहब्बत करता है
जब देखता हूँ किसी की जुबान
से काश लफ्ज़ निकलता
जब कोई ज़िन्दा रहने की अदाकारी
करके अंदर ही अंदर मरता है

तब तुम याद आती हो
तब तुम याद आती हो

---

[12] अहद-ए-वफ़ा - निष्ठा की स्वीकृति
[13] तर्क-ए-मोहब्बत - प्रेम का त्याग

बात न बदलो

क्यों बिछड़े थे ज़रा बता तो सही
चुप्पी से पर्दा ज़रा उठा तो सही
मेरी ग़लत फ़हमियाँ सच न हो जाएँ
मजबूरीयों के फसाने ज़रा सुना तो सही

तहे दिल से इज़्ज़त है औरतों के ख़ातिर
पर तुझसे उम्मीद है झूठ की मुझको
जो पनप रही है मेरे ज़हन की दुनिया में
सच कहकर औरत ज़ात न बदलो

एक किनारा करदो ये मुद्दा
पूरी करो तुम बात न बदलो

मैं भी चाहता हूँ कि तुम्हें बे-वफ़ा न कहूँ
तुम भी चाहती हो कि मेरा दर्द कम हो जाए
तुम चाहती हो कि 'हो दफ़ा' न कहूँ
मैं चाहता हूँ झूठी ही तुम्हारी आँखें नम हो जाएँ

हाल देखकर मेरा हमदर्दी न दिखा
हालात देखकर ग़म-गुसारी[14] न जता
किस ख़ातिर मिली हो
सबब-ए-मुलाकात[15] न बदलो

---

[14] ग़म-गुसारी - सहानुभूति प्रकट करने वाला
[15] सबब-ए-मुलाकात - मुलाकात की वजह

बेशक एक किनारा न करो ये मुद्दा
पर पूरी करो तुम बात न बदलो

जुबान हकला रही है तुम्हारी हैरत है
तुम्हें अपने किए पर ज़रा सी ग़ैरत[16] है?
दिल क्या काँच का प्याला टूटने पर रो पड़े
तुम्हारी ऐसी भोली सी जो सूरत है

अपने किए पर तुम्हें कोई मलाल नहीं
चलो, ख़ैर मेरा अब कोई सवाल नहीं

मज़ा आने लगा है ख़ल्वत में मुझे
दर्द भरी रात न बदलो
अपने काम से काम रखो
गलती से भी मेरी हयात[17] न बदलो

बेशक एक किनारा न करो ये मुद्दा
पर पूरी करो तुम बात न बदलो

न तुम सच की मशाल लेकर आना
न मैं उम्मीदों के दिये जलाऊंगा
न तुम हाल पूछना मेरा बहाने से
न मैं बे - सबब हाल बताऊंगा

क्यों बिछड़े थे?, क्यों बिछड़े थे?, क्यों बिछड़े थे?

---

[16] ग़ैरत - शर्म, लज्जा
[17] हयात - जीवन, ज़िन्दगी

सफाईयाँ दे जाओ सवालात न बदलो

एक किनारा करदो ये मुद्दा
पूरी करो तुम बात न बदलो

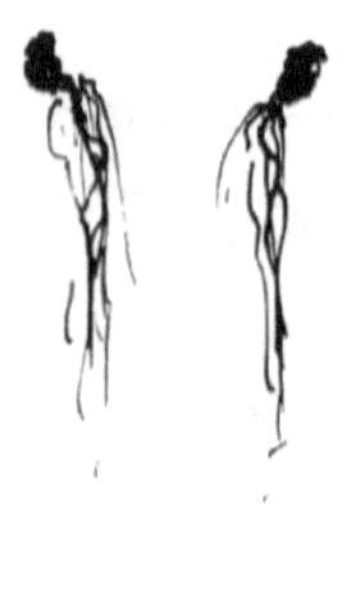

बदलाव की ज़रूरत नहीं

जो चीज़ जहाँ है उसे वहीं रहने दो

ऐ नौकर क्यों आया है तू इस कमरे में
मुझे महबूब से कईं अज़ीज़ माज़ी[18] है प्यारा
जिस चाय के कप का निशान साफ करने आया है
ध्यान रहे उस टेबल पर हाथ न जाए तुम्हारा

ये उस ही के कप का निशान है जो मुझे
याद दिलाता है हमारी आखिरी मुलाकात
वो जो जाले लगा हुआ कई साल पुराना कलंडर
घेरे मे लगी तारीख से हुई थी मोहब्बत की शुरुआत

ये गंध नहीं है नौकर, मेरे एक
तरफा मोहब्बत की ख़ुशबू है, आने दो
जालों पर बेफिक्र मकड़ियाँ
टेबल पर धुल को सो जाने दो

जो चीज़ जहाँ है उसे वहीं रहने दो

ये क्रम में लगी हैं जो किताबें न बदलना
बदले तो याद आता है उसके बदलने का एहसास
ये रूकी हुई घड़ी का वक़्त मत बदलना
जब उसने छोड़ा था, ये उस ही वक़्त के है आस पास

---

[18] माज़ी - अतीत, बीता हुआ समय

हट गई अगर इस कमरे से निशानियाँ सारी, तो
फिर किसी के लिए जाग जाएंगे ये जज़्बे
फिर दिल खोल देगा दर-ओ-दरीचे[19] अपने
फिर बस जाएंगे किसी के लिए मोहब्बत के कसबे

मत उभरने दो इस दर्द से,
मुझे ख़ल्वत में पड़े रहने दो
हंगामा बरपा[20] है सो, थोड़ी
सी और पी लेने दो

जो चीज़ जहाँ है उसे वहीं रहने दो

साहब, एक शख़्स के बिना
ये ज़िंदगी रूकेगी नही
'गर मुर्गा बाँग नही देगा
क्या सूरज उगेगा नही?

दर्द नही अगर हयात में
तो एहसास नही ज़िन्दा रहने का
हाँ, मैं जानता हूँ, मुझे हक़ नही
इतनी बड़ी बात कहने का

पर आज छोटा मुँह बड़ी बात कहने दो
प्रकर्ति का नियम है बदलाव आने दो

---

[19] दर-ओ-दरीचे - दरवाज़े और खिड़की
[20] बरपा - होना, होने की क्रिया

इन आँसूओं को ज़रा सा बहने दो

जो पुरानी चीज़ें हैं साहब, उन्हें हटाने दो
जो पुरानी चीज़ें हैं साहब, उन्हें हटाने दो

शुक्र है

बैठे बैठे अचानक से हैरत में पड़ गया हूँ मैं
आगर तेरे ख़्वाब देखने के लिए तेरी रज़ा
की ज़रूरत पड़ती तो क्या होता

न होती फिर ये मुलाकातें हमारी, तुझसे
कहने को कोई अलफ़ाज़ पैदा न होता
मेरे टके के लतीफे[21] सब ज़ाया हो जाते
जिनसे हसीन क़हक़हे[22], तबस्सुम[23] मिलते मुझे

पर, तुझे कौन बचाता अगर खो जाती तू
किसी जंगल में अकेली कहीं?
किसके संग मस्ती करती तू बारिश में?
कौन तुझे बाहों में उठाता, पाँव में मोच आती 'गर तेरे?
कौन पूस की रात में तुझे जैकेट देता अपना?

पर ये सब नज़ारे भी तो ख़्वाब में ही होते
मैं क्यों फ़ुज़ूल में हैरत में पड़ा हूँ
जो हकीकत है ही नहीं फिर फिक्र क्यों करूँ
जो न-मुमकिन है तो ज़िक्र क्यों करूँ

---

[21] लतीफे - चुटकुले
[22] क़हक़हे - खिलखिलाकर हँसना
[23] तबस्सुम - मंद हँसी, मुस्कराहट

शुक्र है किसी के ख़्वाब देखने के लिए
कोई रज़ा नही लगती।

हकीकत, ख़्वाब एक से

अब गुफ्तगू ख़्वाबों में तुझसे कम होती है
जुस्तजू[24] ख़्वाबों में तेरी थम होती है
आँखें ख़्वाबों में भी मेरी नम होती है

अब नही पकड़ता हूँ मैं तुम्हारा हाथ
अब तुम्हें शर्माने की ज़रूरत नहीं
अब नहीं करता हूँ मैं कोई वैसी बात
दुपट्टा दाँत तले दबाने की ज़रूरत नहीं

तुम्हारी चूड़ियों के खनकने की आवाज ख़्वाबों में
कम होती है ,पायल भी शायद तुमने उतार दी है?
अब मेरे कान से तुम छेड़-छाड़ नही करती, आँखों
पर हाथ नहीं रखती आदतें क्यों सुधार ली हैं?

किसी भरी महफ़िल में हम टेबल पर बैठे खाना खा रहे
pतो तुम पैरों से मेरे पैरों को नहीं छेड़ती हो
शायद किसी की टाँग बीच में आ रही है
या फिर, तुम अब किसी ओर को छेड़ती हो

देख लो ख़्वाबों में भी हमारे दरमियाँ आ रहा है कोई
वस्ल[25] मुमकिन नहीं है बता रहा है कोई
बे-शक्ल सा शख़्स है जिसने ये सब कहा

---

[24] जुस्तजू - ढूंढ़ना, तलाश
[25] वस्ल - मेल-मिलाप, मुलाक़ात

बे-अक़्ल सा शख़्स है जिसने ये सब सुना

ख़्वाब ता'बीर[26] होते हैं सुना था मैंने, पर
हकीकत ता'बीर हो रही है ख़्वाबों में देख रहा हूँ
ये ख़्वाब मेरा, कहानी मेरी जो चाहे कर सकता हूँ
पर न जाने क्यों मैं ख़्वाबों में डर रहा हूँ

'गर हकीकत ही ख़्वाब बन गया तो ख़्वाब कैसा
'गर तू ही रक़ीब[27] का हो गया तो महताब[28] कैसा
पर जिसका माहताब है तू,
उसका किरदार ब्रहस्पति से मिलता है जानां

नींदों का सजर[29] और तेरे ख़्वाबों के पत्ते
झड़ जाएंगे पतझड़ सी हिज्र[30] रूत आने वाली है
मैं तुझे किसी ओर संग बाँट नही सकता
और फिर न ही तू पाँचाली[31] है

आज ये मेरा आखिरी ख़्वाब होगा
अच्छा सा ख़्वाब का इंतिखाब[32] होगा

---

26 ता'बीर - ख़्वाब का परिणाम और वास्तविकता, manifest

27 रक़ीब - शत्रु , प्रेमिका का दूसरा प्रेमी

28 महताब - चाँद

29 सजर - पेड़

30 हिज्र - जुदाई, विरह, वियोग

31 पाँचाली - द्रोपदी

32 इंतिखाब - चयन

ता'बीर न होगा, यह दर्द सहा न जाएगा
ऐ मेरे दोस्त मैं तेरे ख़्वाब देखने छोड़ रहा हूँ।

अफवाह

अफवाह उड़ा रहा है कोई कमबख़्त ज़माने में,
कि जो होता है सब अच्छे के लिए ही होता है

पेट के ख़ातिर जिस्म बेचा
अब क्या ही डर रुसवाई[33] का
शौंक से नहीं करता कोई
मजबूरी है काम गदाई[34] का
तिरगी की रौनक उस घर में
जो कुम्हार चिराग़ बनाए है
बिटिया बियाहनी लोंडा पढ़ाना
पर टका धेला न घर में आए है
अठारह बरस का माँ-बाप का प्यार
चार दिन के इश्क़ में त्याग गई
सर झुका या नाक कटी, जिसकी
बिटिया बियाह के दिन भाग गई
औरत से स्वर्ग, लड़की घर की लक्ष्मी
लड़की का हर कोई ग़म-गुसार हुआ
आज उसी स्वर्ग की देवी का
भरी चाँदनी में बलात्कार हुआ
बियाह का जोड़ा, बाहों में कलीरे
सुहाग की रात में दुख की हवा चलदी

---

33 रुसवाई - बदनामी
34 गदाई - भीख माँगने का काम

वो ख़ुदा रंग-रेज़ ने हमसफ़र लेकर
उस जोबन की साड़ी सफेद रंग दी
तेरे सजदे, तेरी ही बंदगी
क्या नही किया तेरी मूर्त आगे
प्रलय आई, सारे घर बहे
कुछ नहीं कर सके इस जुरत आगे

और भी हैं ज़माने में दुख
पर कोई कमबख़्त अफवाह उड़ा रहा है, कि
जो होता है सब अच्छे के लिए होता है

इसमें क्या ही अच्छा होगा कि,
तर्क-ए-मोहब्बत[35] कर गया वो ज़माने के डर से
फिर हम भी नहीं रोये रुसवाई के डर से
जुदाई के दर्द से बड़ा लगा मुझे बलात्कार का दर्द
चिराग़ बनाकर भी घर में लो नहीं, कुम्हार का दर्द

ज़माने के दुख में मसरूफ़[36] हूँ
तेरी यादों की कोई घड़ी नहीं रही
डूबा हूँ उसके दर्द में जानां
जिस बाप के सर पर पगड़ी नहीं रही

तूने रोने न दिया हिज्र में ऐ यार
अब ज़माने के इस दर्द पर रोने दे

---

[35] तर्क-ए-मोहब्बत - मोहब्बत का त्याग
[36] मसरूफ़ - व्यस्त

अब ये न कह, झूठे दिलासे न दे, कि
जो होता है सब अच्छे के लिए होता है।

नज़रिया

किसी रोज़ तारों से भरी रात, चाँद बादलों के पिछे
सो रहा, आसमान की चादर ओढ़े और एक लड़का
चारपाई पर लेटा हुआ एक तारे को कभी बाँई
आँख मूँद कर दाँई आँख से तारे को देखे, तो
कभी बाँई आँख मूँद कर दाँई आँख से तारे को
देखे और सोचे के 'जब-जब मैं बाँई आँख मूँद कर
दाँई आँख से देखूँ तब भी तारा एक दिखाई देता है
और जब-जब दाँई आँख मूँद कर बाँई से देखूँ तब भी
तारा एक ही दिखाई देता है और जब दोनों आँखें खोल
कर देखूँ तब भी तारा एक ही दिखाई देता है।'
'ऐसा क्यों?', यही सोच में, और आँखें खोल,
बंद की इसी जिद्द-ओ-जहद में लगा हुआ वो लड़का।
और ऊपर वहाँ दूर कहकशाँ[37] में कोई
दो गरीब बाप-बेटी तारे, शम्मा जलाए हुए झोपड़ी के
अंदर अँधेरे में, वो लड़की देख रही खिड़की से झाँक
कर चोर नज़रों से कि कोई लड़का उसे देख कर आँख
मार रहा है, छेड़ रहा है कोई, उसने बाप को इतिलाह
किया कि 'पापा दूर नीचे से कोई लड़का मुझे छेड़ रहा है
आँख मार रहा है' ' बाप का कहना के शम्मा बुझा
कर खिड़की बंद करके सो जाओ बिटिया आधी रात
हो चुकी है, उस लड़के को हम सुबह देख लेंगे।

---

[37] कहकशाँ - आकाशगंगा

कोशिश

किसी सब्ज़[38] ऊँचे पहाड़ से भी ऊपर और
ऊपर कुछ सुख़नवर[39] बादल बरसते हैं
और इस बारिश में मैं बादल भी भीग जाता हूँ

सोचूँ के ये दे रहे हैं दुनिया को इतना
शायद लिया है कोई कर्ज़ इन्होंने, पर
दुनिया क्या ही दे सकती है ग़म के सिवा?

या फिर समझूँ के ये दे रहे हैं दुनिया को
कोई कर्ज़, दे रहे हैं तो लौटाएगा कौन?

ये सुख़नवर बादल बरसते हैं जब-जब, तो
एक-एक बूँद उम्दा ख़्याल है इनका
किसी शिव का बिरहा, गुलज़ार की सोच,
जावेद की सरलता, जौन की आह, परवीन
का ग़म और एक बूँद में है लफ़्ज़ों का मीठा
रस कुछ लफ्ज़ शबनम के मानिंद[40] पड़े रहते है
फूलों पर जिनका ताज़ा पन कभी ख़त्म नही होता।

एक जो वो,
गली क़ासिम में रहता था न!
वो कोई अब्र, बादल नही

---

[38] सब्ज़ - हरा

[39] सुख़नवर - कवि

[40] मानिंद - जैसे

पूरे का पूरा आसमान है वो
शायद आसमान उस अकेले का नही
सुना है एक ज़माने में 'मीर' भी था

सोचता हूँ कि उसने ज़िंदगी काटी कर्ज़ में
चुकाया या नही कुछ मालूम नही
पर वो इस अहद[41], इस ख़ल्क़[42] को
कर्ज़ में डूबा कर चला गया

अब सभी जुटे हैं कर्ज़ चुकाने में, सो मैं अवारा
बादल भी चन्द बूदें बरस कर देखूँ, डालूं इस
समुंद्र में चन्द कतरे।

किसी सब्ज़ ऊँचे पहाड़ से भी ऊपर और
ऊपर कुछ सुख़नवर बादल बरसते हैं
और इस बारिश में मैं बादल भी भीग जाता हूँ

---

⁴¹ अहद - युग, ज़माना
⁴² ख़ल्क़ - मानव जाति

क्या कहूँगा?

घड़ी-घड़ी ये सोचता हूँ कि, ये बच्चा जब
माँ का त'आरुफ़[43] माँगेगा तो क्या कहूँगा?

क्या ये कहूँ कि वो जो थी
वो थी अख़्लाक़[44] की सालार[45]
जिसे देखकर अदब-ओ-आदाब[46] की नज़र
झुक जाती थी, जो थी इश्क़ की उम्दा मे'यार[47]
जिसे अहद के सब काम आते थे
जो करती थी बेशूमार प्यार
जिसके आलम[48] में हिज्र लफ्ज़ न था
जो तर्क-ए-मोहब्बत करती थी न-गवार
जिसने दिया था खुदको, मुझे पूरा रज के
जिससे हसरतें थी न-शुमार
जो सुख के बादल छट जाने पर आती थी
जो थी मेरे ग़म की ग़म-गुसार

ये सब कहूँ,

---

[43] त'आरुफ़ - परिचय

[44] अख़्लाक़ - शिष्टाचार, शील

[45] सालार - प्रधान, सरदार

[46] अदब-ओ-आदाब - आदर-सम्मान और रीति

[47] मे'यार - मापदंड, standard, quality

[48] आलम - विश्व, संसार, दुनिया

तो औलाद से नही ख़ुद से झूठ कहूँगा मैं

माना कि तू थी,
पैकर-ए-जमाल[49], हुस्न-ए-कमाल[50]
चाँद को भी था तुझसे थोड़ा सा मलाल
जब रात सी काली चादर ओढ़ती थी तो
काले लिबास में लपेट दी हो जैसे संगेमरमर की मिनार
उन अजूबों से भी परे लगती थी, तेरे सानी न
थे अजूबे, तू थी फूल-ओ-बहारों की गुहार[51]

तेरी महक जैसे मिट्टी की ख़ुशबू हो
तू बीनाई[52] जिसकी तिरग़ी में आरज़ू हो

मगर, तेरा नाम अपनी औलाद से जोड़ नही सकता
एक वादा किया था हम दोनों ने कि एक
लावारिस को गोद लेंगे,
सो जब तूने मुझे हिज्र-ओ-ग़म[53] दिया
मैने इसे गोद लेकर तन्हाई को भ्रम दिया
वादा किया है पूरा मैने, तेरी सच्चाई नही
बता सकता, हाँ, मैं सच नही बोल सकता

---

49 पैकर-ए-जमाल - सर से पाँव तक सुंदर
50 हुस्न-ए-कमाल - शारीरिक सौंदर्य
51 गुहार - पुकार
52 बीनाई - नेत्र ज्योति, दृष्टि, आँख की रौशनी
53 हिज्र-ओ-ग़म - जुदाई और कष्ट

मगर, घड़ी-घड़ी ये सोचता हूँ कि, ये बच्चा जब
माँ का त'आरुफ़ माँगेगा तो क्या कहूँगा?

सात हम-शक्ल

चाहे तेरे कितने भी हम-शक्ल हों
मोहब्बत तो तुझसे ही होगी जानां

गाहे-गाहे[54] तेरी सीरत दिल से निघर[55] हो जाती है
जब तुझसे मेरी नज़र इधर-उधर हो जाती है
मैं भी इंसान हूँ छलक जाता है जाम ईमान का, पर
दगा का ख़्याल आए तो उस ख़्याल की कलाई काट देता हूँ
और तुझे तो इल्म ही है कि तेरी सूरत से नही
तेरी सीरत से है मोहब्बत है मुझको

मगर एक ख़्याल हर शब तंग करता है मुझको
कि अदाकारी है तेरी या सचमुच में है नेक तू
शफ़्फ़ाफ़[56] कर वगरना फिर देख तू
तस्दीक़[57] के ख़ातिर छोड़ूँ मुख़ब्बिर[58] कोई
पर जो मैने देखी नही इसने तेरी वो नेकी भी बताई

नाराज़ होने का एक मोका न दिया
बस इस बात से नाराज़ हूँ

---

[54] गाहे-गाहे - कभी-कभी

[55] निघर - घर से निकलने का भाव, बेघर

[56] शफ़्फ़ाफ़ - पारदर्शी

[57] तस्दीक़ - पुष्टि

[58] मुख़ब्बिर - ख़बर देने वाला, spy

तू जब-जब चुनरी सर पर ओढ़े
यूँ लगे जैसे संस्कृति सी ओढ़ी है
मुझे ख़ुशबू आती है अपने गाँव की, जहाँ
गलियाँ तंग पर दिल की गलियाँ चोड़ी है

सुना है सात शक्ल के एक जैसे इंसान होते हैं
'गर तेरे सात हम-शक्ल खड़े हो सामने तब भी
तुझे पहचान लूँगा

तेरे खड़े होने के अंदाज से, तेरी अदाओं से,
मुसलसल[59] नाक को छेड़ना, तेरी ख़ुशबू से,
तुझे आँख मारूं तो तेरी नज़र झूक ही जाएगी
और इनसे हटके एक ब्रह्मास्त्र है
जिसका कोई सानी नही
मैं खुद को ज़ख़्म दे दूँगा,

और जिसकी आँखें नम होगी वो तू होगी
जिसके मुँह से आह निकलेगी वो तू होगी

इतने तरीकों से तो तू खुद को भी नही पहचान सकती
तू क्या है, कौन है तू खुद भी नही जान सकती

चल खैर तेरी पहचान तुझसे ही है
मेरी शनाख़्त[60] भी तुझसे ही होगी

---

[59] मुसलसल - निरंतर, बार-बार
[60] शनाख़्त - पहचान

चाहे तेरे कितने भी हम-शक्ल हों
मोहब्बत तो तुझसे ही होगी।

चेतावनी

मेरे कमरे में आओगे
तो सोच-समझकर आना

मेरी कुर्सी की महक
यानी सिगरेट की महक
यहाँ तेरी कमज़ोर पड़ जाएगी
जिस्म की महक
पत्रे जिनमें हिज्र लिखा
बिना सियाही के
यानी नम होंगे पत्रे
आँख के कतरों से
खास दस्तावेज़ हैं ये
इश्क़-ए-रण[61] पसपाई[62] के
यानी खेलने के शौक ख़त्म
हुए अब मेरे ख़तरों से
कमरे में मोहब्बत की बू आएगी
तो बाहर थूक कर आना
अगर मैं रो रहा होंगा तो
थोड़ा रूक कर आना

मेरे कमरे में आओगे

---

[61] इश्क़-ए-रण - इश्क़ की जंग
[62] पसपाई - पराजय, हार

तो सोच-समझकर आना

मिलेंगे तुम्हें दीवारों पर
नाखूनों से कुरेदने के निशान
अगर तू पूछे ये सब क्या है?
मैं कसम से नहीं कहूँगा ये तेरे हैं एहसान
तुझे चाय भी पिलाऊँगा
बिना मीठे के
तुझे एहसास तो हो
क्या ज़िंदगी है बिना मीठे के
तमीज़, अदब नही तेरी यादों को
पर तू दस्तक देकर आना

मेरे कमरे में आओगे
तो सोच-समझकर आना

मेज़ पर रखे जो शायर, इनके
अफसाने है कुछ मुझ जैसे
कुछ के महबूब तुझ से कम
कुछ कमबख़्त तुझ जैसे
दीवार पर लिखें हैं कुछ
शे'र, क़ित'आ, ग़ज़लें, नज़्में
और इनसे हटके
कुछ लिखी हैं तेरी कसमें
धूल जमी है मेज़ पर
तो जूती झाड़ कर आना
यहाँ आँसू न रूकेंगे
तो बाहर रो कर आना

मेरे कमरे में आओगे
तो सोच-समझकर आना

आत्म संदेह

क्या मैं हूँ शायर, या मैं नहीं हूँ

मेरा कलाम[63] जो मक़बूल न हुआ
मेरा कलाम ज़माने को कबूल न हुआ
तो क्या, मेरा कलाम दिल-नवाज़ मेरे लिए
जो लिखा मैने फ़ुज़ूल न हुआ
नही मैं वो शायर जो सर-ए-मिंबर[64]
सुनाए नज़्में, ग़ज़लें कोई
न मिली सताइश[65] किसी फ़र्द[66]
न किसी बज़्म में कोई
एक मेरी हमनशीं जो
समझ न पाती मेरी नज़्में
उसके दिल को भाते
आगाज़-ए-कलम करते जो शायर
'गर मैं पहुँच भी जाऊँ शिखर पर
पर तेरे नज़रिये से तो रहूँगा सिफ़्र[67] पर

क्या तेरे नज़रिये से मैं कहीं हूँ

---

[63] कलाम - शायरी, वार्तालाप, कथन

[64] सर-ए-मिंबर - मंच के ऊपर

[65] सताइश - तारीफ, प्रशंसा

[66] फ़र्द - अकेला आदमी

[67] सिफ़्र - शून्य

क्या मैं हूँ शायर, या मैं नहीं हूँ

गिटार पे नग्में गुन गुनाए कोई
तो लफ्ज़ मेरे मुहाल है
बड़ा बेटा होने का नही
बड़े का फर्ज न निभा पाया, पामाल[68] है
पर ख़ैर नदामत[69] तो रहेगी ता-उम्र
मगर शायद, ऐ मेरी हमनशीं रफ़्ता-रफ़्ता
तुझे इल्म हो रहा है मेरे कलाम का
यानी रफ़्ता-रफ़्ता कर रहा हूँ
मैं सस्ता इंतिख़ाब काम का

मुझे है खबर कि,
कोई न पढ़ेगा मेरे लफ्ज़
कोई न सुनेगा मेरे नग्में

पर फ़क़त एक बार उससे पूछूँ
क्या मैं हूँ शायर, या मैं नहीं हूँ

---

[68] पामाल - दुख, बरबाद
[69] नदामत - पछतावा, अफ़सोस

एक ख़त

विरान पड़ा है एक ज़माने से
हंगामा बरपा[70] का शोर आएगा डाक-खाने से
डाकिया खुशी से लेगा मेरे ग़म की नज़्म
जब पन्नों पर सर पटक कर
मैं बोझ-ए-मत[71] लिखूँगा
मैं तुझे एक ख़त लिखूँगा
मैं तुझे एक ख़त लिखूँगा

कंगन रखकर काग़ज़ पर
गोला बनाकर भेज रहा हूँ
कश्कोल[72] से दुगनी विरानी जिंदगी में
देखा!, मैं कितनी तेज़ रहा हूँ

जब तेरा हिज्र-ओ-ग़म मैं पेशे में लाऊँगा
मैं अपनी पहली बरकत लिखूँगा
मैं तुझे एक ख़त लिखूँगा
मैं तुझे एक ख़त लिखूँगा

---

[70] बरपा - होना, होने कि क्रिया
[71] बोझ-ए-मत - ज़हन का भार
[72] कश्कोल - भीख माँगने का बर्तन

हैरत न हो, सो नक़्श-ए-फिराक़[73] नहीं लिखूँगा
दीदार-ए-चेहरे का तपाक[74] नहीं लिखूँगा
नहीं लिखूँगा तेरे कोई भी ऐब
मैं खिड़की से बार-बार झाँक नहीं लिखूँगा

मैं तो मोहब्बत की मरम्मत लिखूँगा
तू तो सबको छाँव देती है न?
तुझे तो मैं दरख़्त लिखूँगा
मैं तुझे एक ख़त लिखूँगा

यूँ तो लिखने को वटसऐप करदूँ, पर
मेरे आब-ए-चश्म[75] का अक्स[76] न होगा
उसमें दिख जाएगा चेहरा
ख़त में हाजिर कोई शख़्स न होगा
मैं दिल से गाली लिखकर
उस पर सियाही गिरा दूँगा
मैं इश्क़ लिखूँगा कलम गड़ा कर
और उस पर आँख का कतरा गिरा दूँगा

---

[73] नक़्श-ए-फिराक़ - बिछोह का निशान
[74] तपाक - गर्मजोशी
[75] आब-ए-चश्म - आँख से निकले आँसू
[76] अक्स - प्रतिबिम्ब, छाया

कभी रहते थे मेरे दस्तरस[77] में, मैं रात
भर हुई आँसुओं की बग़ावत लिखूँगा
जिसे पढ़कर मुट्ठी मुँह में रखकर
रोये तू, मैं वो ख़ल्वत लिखूँगा
मैं तुझे एक ख़त लिखूँगा
मैं तुझे एक ख़त लिखूँगा

न लूँगा सहारा चाँद, सूरज, तारे और आसमानों का,
तेरी तारीफ के लिए, तेरे मुँह से निकला धत्त लिखूँगा
मैं तुझे एक ख़त लिखूँगा
मैं तुझे एक ख़त लिखूँगा

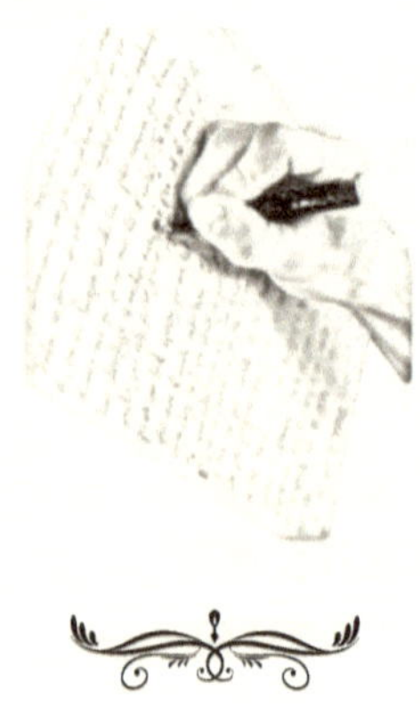

---

[77] दस्तरस - वश, नियंत्रण

हम-सुख़न

रफ़्ता-रफ़्ता हो रही जुबान बाग़ी
चश्म की सही नही जा रही इजारा-दारी[78]
इशारा-ए-चश्म-ए-फ़न[79] कोई बचा नही
सब हो चुके हैं बासी मेहरम
लुत्फ़-ओ-एहसास तो है नर्गिस में
अब मुस्तक़बिल[80] के ख़ातिर कुछ और चारा करके देख

इशारों का सम्त[81] छोड़ इस आलम
हम-सुख़नी[82] को गवारा करके देख
इशारों का सम्त छोड़ इस आलम
हम-सुख़नी को गवारा करके देख

जुबान :- 'एक मेरे हुनर-ओ-मे'यार को दबाए रखा
अब तलक तो मरमरी[83] बाहें तेरे गले में होती
रस्मन-ए-इश्क़[84] कई हो चुकी होती
दरख़्तों की छाँव में गेसुओं की छाँव होती'

---

[78] इजारा-दारी - एकाधिकार

[79] इशारा-ए-चश्म-ए-फ़न - आँख के इशारे की हुनर

[80] मुस्तक़बिल - भविष्यकाल, भविष्य

[81] सम्त - दिशा, ओर, तरफ़

[82] हम-सुख़नी - वार्तालाप करना

[83] मरमरी- सफेद संगमरमर जैसा

[84] रस्मन-ए-इश्क़ - इश्क़ की रस्में

हाँ, हाँ ! , यकीन है तुझपर
उसके आने से पहले तू बेदारी[85] होगी
फिर सामने उसके तेरे मरने की
टके की अदाकारी होगी

या तू शराबी के मानिंद लड़खडाएगी दर-ब-दर
पर अब ता'तील[86] माँग रही है निगाह मेरी
इंतिख़ाब तो तेरा ही होना है

ख़्वाबों को 'विशु' ता'बीर करके देख
फक़त एक बार तक़रीर[87] करके देख
इशारों का सम्त छोड़ इस आलम
हम-सुख़नी को गवारा करके देख
इशारों का सम्त छोड़ इस आलम
हम-सुख़नी को गवारा करके देख

---

[85] बेदारी - जागा हुआ
[86] ता'तील - छुट्टी, अवकाश
[87] तक़रीर - बातचीत

ख़्वाब

किसी रोज़ बैठी दरीचे[88] पर वो
कमरे के दोनों किवाड़ बंद करके
मेरी साँसों की ख़ुशबू को महसूस
कर रही वो आँख बंद करके, और
ख़्वाबों की दुनिया में पहुँच गई

वहाँ किसी दश्त[89] में हम तुम दो
बस धुँध के सहारे चलते
सुन-सान इन राहों पर,
लफ़्ज़ नही बस इशारे चलते

पर मैं तुझसे प्यार भरी बातें करना चाहता हूँ
लेकिन तेरे पायलों के घुँघरू मेरी बात काट रहे हैं
न अभी कुछ कहा, न हाथ पकड़ा एक दूजे का
फिर भी हम दोनों इतने क्यों हाँफ रहे हैं

एक तू पूरा श्रृंगार ओढ़ कर आई है
मैं यूँ ही खेल के कपड़ों में मिलने चला आया
मालूम होता तो माँ से काला टीका लगवाकर आता
मगर श्रृंगार तुझे नहीं तू श्रृंगार को मक़बूल[90] करती है

और फिर मेरे हाथों में बेचैनी हुई कि तुझे बाहों में

उठा लू, मगर तेरे पाँव में कमबख़्त मोच नही पड़ रही है
फिर फरियाद करी कि तुझ संग बारिश में भीगा जाए
मगर फरियाद कभी ख़ुदा तक पहुँची नही
ऊपर काले बादल जो थे

कतरा-कतरा कर बारिश ज़मीं पर गिरने ही वाली थी
मिट्टी की ख़ुशबू फक़त फूटने ही वाली थी
बिजली कड़कने से वो डर कर गले लगने ही वाली थी

कि, किसी कमबख़्त ने उसके दरीचे पर, पत्थर मार दिया,
और काँच के साथ-साथ उसका ख़्वाब भी चूर-चूर हो गया।

दूसरी दुनिया

सुर्खियों से सुना, कि एक जहाज़ दूसरी दुनिया
जा रहा है, पृथ्वी जैसी ही किसी जगह पर,
तो क्यों न मैं भी जाकर के देखूँ

कि वहाँ मोहब्बत को
किस लफ्ज़ से बुलाते हैं?
तुम, तू, आप, सुनो या
फिर किसी रम्ज़[91] से बुलाते हैं?
क्या महबूब के गेसुओं को
कान के पीछे करते हैं वहाँ भी?
क्या आशिक बटुये में
हमनशीं की तस्वीर रखते हैं वहाँ भी?
क्या इश्क़ की बातों से
झुक जाती है मेहरम की नज़र?
क्या वहाँ भी हुस्न अदाएँ
करती हैं असर?
क्या होती है वहाँ भी एक तरफा
मोहब्बत शिद्दत से?
क्या लड़कियाँ डरती है वहाँ भी
मोहब्बत में बग़ावत से?
'गर रूह का इश्क़ है वहाँ, तो जन्नत है
'गर जिस्मों का इश्क़ है तो

---

[91] रम्ज़ - संकेत, इशारा

इश्क़-ए-रूह इजाद करके आऊँ
क्या वहाँ भी ख़ुदा की पत्थर से शनाख़्त[92] है?
क्या पता पत्थर जल्दी सुनता हो, फरियाद करके आऊँ
क्या वहाँ लतीफ़ों पर रोते हैं लोग?
क्या वहाँ ग़म पर हँसते हैं लोग?
तो मैं वहाँ लतीफ़ा-गो[93] कहलाऊँ
क्या वहाँ अच्छे शे'रों पर दाद नही मिलती?
क्या वहाँ वाहियात शे'रों पर वाह है मिलती?
तो मैं वहाँ ग़ज़ल-गो[94] कहलाऊँ
क्या वहाँ लड़कियाँ ही
मोहब्बत का इज़हार करती है?
क्या वहाँ हुस्न प्राकृतिक है?
या लड़कियाँ श्रृंगार करती है?
क्या वहाँ लड़कियों को
काम पर होता है जाना?
क्या वहाँ लड़के कहते हैं
शाम को जल्दी घर आना?
क्या वहाँ प्यार में रिवायत है
लड़का भगाने की?
क्या वहाँ विवाह में रिवायत है
लड़के की डोली उठाने की?
क्या वहाँ ख़्वाब ता'बीर होते हैं?

---

[92] शनाख़्त - पहचान
[93] लतीफ़ा-गो - हास्य अभिनेता
[94] ग़ज़ल-गो - ग़ज़ल कहने वाला

एक बार या फिर इश्क़ तकरीर[95] होते हैं?

वहाँ इज़हार किन लफ्ज़ों में करते होंगे मालूम नही,
पर एक जहाज़ दूसरी जा रहा है,
क्यों न मैं भी जाकर के देखूँ

क्या वहाँ भी मुझ जैसा
हाल है आशिकों का?
क्या वहाँ भी बड़ा बेटा
गला घोट देता है ख़्वाहिशों का?
क्या वहाँ भी शब-ए-हिज्र[96]
में बेदारी[97] होती है?
क्या वहाँ भी बड़े बेटे पर
ज़्यादा ज़िम्मेदारी होती है?

क्या वहाँ भी चश्म-ए-तर[98] रहती है हिज्र में?
आँखों पर बन जाते है सियाह घेरे?
क्या वहाँ भी दर-ए-ख़्वाब[99] खुलते होंगे?
ख़ल्वत में यादों के क़ाफ़िले हो जाते है चचेरे?
अच्छा होगा वहाँ भी किसी को
खुदखुशी का ख़्याल न आए
आए तो फिर, ऐसा कि

---

[95] तकरीर - बार-बार

[96] शब-ए-हिज्र - जुदाई की रात

[97] बेदारी - नींद से जागा हुआ

[98] चश्म-ए-तर - आँखों का गीला-पन

[99] दर-ए-ख़्वाब - ख़्वाब का दरवाज़ा

निढाल सा आए
क्या पता वहाँ खामोशी की जुबान हो
जो बयान करती हो उदासी
क्या पता वहाँ आशिकों का अलग शमशान हो
जो बयान करती हो उदासी
क्या पता वहाँ सफर से नही
मोहब्बत से थक जाते होंगे लोग
न जाने कैसे मेहरम की बातों से
अक जाते होंगे लोग

पता चला है कि वहीं एक जहाज़ जा रहा है
क्यों न मैं भी जाकर के देखूँ

काश वहाँ बे-वफ़ा लफ्ज़ इजाद न हो
तो कोई तर्क-ए-मोहब्बत[100] नही करेगा
काश वहाँ दिल तोड़ना संगीन जुर्म हो
तो कोई बे-वफ़ाई की जुर्रत नही करेगा
काश वहाँ किसी भी जुबान की ज़रूरत न हो
दिल की बातें आँखों से ही पढ़ ले
अहद-ए-वफ़ा न करे कोई बेशक
बस ता-उम्र साथ कोई खड़ ले
काश वहाँ लड़कियाँ रात को सुरक्षित घूमती हों
हवस जैसे कोई भी जज़्बात न हो
जो मर्ज़ी कपड़े पहने, किसी के हाथ
में किसी की हयात[101] न हो

---

[100] तर्क-ए-मोहब्बत - प्रेम का त्याग
[101] हयात - ज़िन्दगी

सुनने में आया है कि एक जहाज़ दूसरी दुनिया जा रहा है
मैं भी एक दफ़ा जाकर के देखूँ

शायद वहाँ कोई जुबान ही न हो
शायद वहाँ कोई भी हुस्न पर न मरता हो
शायद वहाँ मोहब्बत जैसी चीज़ ही न हो
उससे भी ऊपर की शह कोई करता हो
या,
शायद वहाँ बे-वफ़ाई आम हो
यानी लोगों की हाफिज़ा[102] कमज़ोर हो
भूलने का फ़न वहाँ आता हो सबको
शायद वहाँ चाँद की चकोर हो
शायद वहाँ भी कोई
उम्मीद करता हो वस्ल की
अंदर की खूबसूरती की बातें होती हों
न बातें हो फ़क़त शक्ल की
शायद वहाँ हिज्र में रोने का फ़न आता हो सबको
या शायद वहाँ भी तकीये के सहारे रोते हैं
शायद वहाँ विकसित शहर हो कोई चीज़ न खोती हो
या शायद वहाँ भी कई प्यार खोते हैं
शायद वहाँ झूठ से डरते हैं लोग
या शायद वहाँ अहद-ए-वफ़ा की झूठी अदाकारियाँ है
शायद वहाँ लड़कियाँ धोखा नही देती
या शायद वहाँ भी लड़कियाँ दिल तोड़ कर बिचारियाँ हैं

---

[102] हाफिज़ा - याददाश्त

हाँ, काश और शायद बहुत है मेरे पास
तस्दीक़ करूँगा वहाँ जाकर, कल एक जहाज़
दूसरी दुनिया जा रहा है, कितनी ख़ूबसूरत होगी?
क्यों न वहाँ जाकर के देखूँ।

यादें

ये यादों का सरमाया[103] ज़िंदगी की पूँजी मेरी
निवेश, खर्च करना सीख लिया मैने
कुछ है इनमें, सोने-चाँदी सी अशर्फियाँ
जैसे भिखारी के कश्कोल में
दो-तीन सिक्के खनक रहे हों
बाकी तो लोहे, पीतल के हैं ज़ेवर
जिनको रफ़्ता-रफ़्ता ज़ंग लग रहा है
यानी मेरी इन पर से हाफिज़ा कमज़ोर हो रही है

कभी-कभी तो ये इतर-ओ-श्रृंगार ओढ़ कर आती हैं
पर बाकी दिन ये बे-वजू[104] सी आती है
शायद इनको तूने अदब-ओ-आदाब[105] नही सिखाया
बिना दस्तक दिए ये अंदर चली आती है
खैर,
तुम्हारा सरमाया तो तुमने ताला लगाकर
कूँजी किसी समुंद्र में फैंक दी
जिसकी अब दूसरी कूँजी नही बन सकती
यानी तुम अब मुझे कभी याद नही करोगी
और छोटी सी चीज़ के लिए मैं समुंद्र
मंथन नही करवा सकता।

---

103 सरमाया - संपत्ति
104 बे-वजू - बिना नहाय
105 अदब-ओ-आदाब - आदर-सम्मान और रीति

<u>मणिपुर हादसा - 2023</u>

थान खत्म हो चला, साड़ी अब उतर चली
कृष्ण कहाँ रह गए, द्रोपदी निर्वस्त्र हो चली

लज्जा, आदर का पर्दा उठा कर,
जनता की देवी के वस्त्र धटा कर,
फेरी लगवाएं है नगरी में!
न कोई विलाप करे दृश्य पर,
न दोषी पश्चाताप करे दृश्य पर,
मानव जाति न रहे है डगरी में!

प्रतिशोध की ध्वनि मध्यम करके
जनता निरंतर सो चली
थान खत्म हो चला, साड़ी अब उतर चली
कृष्ण कहाँ रह गए, द्रोपदी निर्वस्त्र हो चली

कहाँ है निकम्मा संजय सारथी मेरा
हम भी धृतराष्ट्र अब ओर क्यों रहें,
उतार ले नयनों से पट्टी गांधारी
अंतर-मन से बिटिया घड़ी-घड़ी डरे

धीरज करत केश सफेद होत
न्याय की देवी न कभो मिली
थान खत्म हो चला, साड़ी अब उतर चली
कृष्ण कहाँ रह गए, द्रोपदी निर्वस्त्र हो चली

'यत्र नार्यस्तु पूज्यन्ते रमन्ते तत्र देवताः[106] ।'

पंक्तियाँ व्यर्थ हो गई फिर भी
तुम शीघ्र क्रान्ति की लाओ सुबह
निराशा, सहानुभूति की छोड़ो भावना
तुम शीघ्र क्रान्ति की लाओ सुबह
तुम शीघ्र क्रान्ति की लाओ सुबह।

'यत्र नार्यस्तु पूज्यन्ते रमन्ते तत्र देवताः[106] ।'

---

[106] यत्र नार्यस्तु पूज्यन्ते रमन्ते तत्र देवताः - जहाँ स्त्रियों की पूजा होती है वहाँ देवता निवास करते हैं ।

एक आलम था

एक आलम था,
जब सुकून की दहलीज़ ख़ुद चल कर आई थी
तेरी मोहब्बत में ख़ुशरंग लगती थी हयात
गुज़र जाएगी तमाम उम्र तेरे पहलू में, तो क्या ग़म है
यही सोचकर करता था मैं तुझसे मुलाकात

मगर जब से तूने तोड़े है ताल्लुक़ सारे
बोझ ढ़ो रहा हूँ मैं एक तेरे ग़म का
वो लौट आएगा, हाँ लौट आएगा
बस यही वादा है मुझसे एक भ्रम की

पर अब कोई हसरतें नही, घर न आया
करें, कहना होगा इस ख़्वाहिश से
और   तेरी यादों का क़त्ल
करवाना होगा अब किसी तवायफ़ से

किस सम्त जा रही है ज़िंदगी
मालूम नही बस बादबाँ[107] तना है
जूझ रहा हूँ ज़िम्मेदारियों की लहरों से
रोना अब हर हाल में मना है

---

[107] बादबाँ - जहाज़ में लगाया जाने वाला पर्दा जिसमें हवा भरकर जहाज़ चलाते हैं।

मगर फिर भी,

हँसते-हँसते रोने का सबब नही बता सकता
टूटे दिल के मलबे का बोझ नही उठा सकता
मैं अब मोहब्बत के सम्त नही आ सकता।

<u>आ नही सकता</u>

सच है, उस शख़्स को मैं भूला नही सकता
मैं अब मोहब्बत के सम्त आ नही सकता

टूटे दिल का मलबा है किस काम का
ये बोझ अब ओर उठा नही सकता

मैं अब मोहब्बत के सम्त आ नही सकता

रफ़्ता-रफ़्ता नशा कम हो रहा है इसका
यूँ ही ये ग़म ओर खा नही सकता

मैं अब मोहब्बत के सम्त आ नही सकता

सुख चुका है ये समुंद्र सारा
आँखों को ओर रूला नही सकता

मैं अब मोहब्बत के सम्त आ नही सकता

सो चुके हैं नींद की गोलियाँ खाकर
इन जज़बों को अब उठा नही सकता

मैं अब मोहब्बत के सम्त आ नही सकता

गुज़र रही है अँधेरों में ज़िंदगी मेरी
कमरे के दिए की लो बुझा नही सकता

मैं अब मोहब्बत के सम्त आ नही सकता

क्या सोचेंगी आने वाली नस्लें मोहब्बत के बारे
सो अपने ये जख़्म दिखा नही सकता

मैं अब मोहब्बत के सम्त आ नही सकता

एक ही सवाल पूछता है ज़माना
हँसते-हँसते रोने का सबब बता नही सकता

मैं अब मोहब्बत के सम्त आ नही सकता

यादों की रेत पर निशाना है किसी के
नक़्श - ए - पा[108] मिटा नही सकता

मैं अब मोहब्बत के सम्त आ नही सकता
मैं अब मोहब्बत के सम्त आ नही सकता

---

[108] नक़्श-ए-पा - पाँव के निशान

एक ओर झूठ

यूँ ही सोच रहा हूँ अकेले बैठे-बैठे
ये लोग कैसे कह रहे हैं कि कोई
जोड़ियाँ बनाता है ऊपर बैठे-बैठे

क्या कसूर उस जोबन[109] बिचारी का, जिसे
ज़िंदगी ने काँटे दिए चुन-चुन कर
माँ चल बसी जन्म देकर छिले[110] में
कैसे खुश है वो हसरतों का खून कर

बाप ने बिटिया ब्याह दी
अठारह की पच्चीस के साथ
मेंहदी वाले हाथ कुछ रोज़
बदल गए छालों वाले हाथ

उसका पत्ति 'अरे काहे का पत्ति'
रोज़ मारता शराब में धुत दरिंदा
जिस्म नोचे जैसे वैश्या हो कोई
गले में मंगल सुत्र या कहो बेड़ियों में है परिन्दा

ज़ख़्मों पर नमक नही, पर
ज़ख़्मों पर रोज़ ज़ख़्म लगाए
बस खाल उधड़नी बाकी रह गई
अपनी ओर से पूरा ज़ोर लगाए

---

[109] जोबन - चढ़ती जवानी, उठती जवानी
[110] छिला - शिशु के जन्म के चालीस दिन तक का समय

क्या कसूर उस जोबन बिचारी का
बाप के सामने ज़ख़्म छुपाए
कायल हूँ इस अदाकारी का

यूँ ही सोच रहा हूँ अकेले बैठे-बैठे
कौन कमबख़्त जोड़ियाँ बना रहा है ऊपर बैठे-बैठे

उस लड़के का था क्या कसूर, उसने तो
सात फेरे लिए और दिए वफ़ा के वादे
न मांगलीक, न फलां, कूंडली में न दोष
फिर ख़ुदा ने क्यों चाहे ये इरादे

नींद, चैन, सूख, हँसी गवा दी
बिखर गया परिवार सारा
हैरत है एक औरत का कैसे
गिर गया मे'यार सारा

घर में कलेश की रौनक देखकर
लड़के ने मौसम नम-नाक माँग लिया
सात जन्म तक चलने वाली ने
पहले जन्म में ही तलाक माँग लिया

लगे हैं इल्ज़ाम दहेज़ के और
कीचड़ उछले है योन उत्पीड़न के
बहु है घर की लक्ष्मी
टूटे हैं भ्रम सारे मन के

कौन कहे इंसान है गलती का पुतला
वो ख़ुदा भी गलती कर रहा है सर-ब-सर बैठे-बैठे
यूँ ही सोच रहा हूँ अकेले बैठे-बैठे
कौन कमबख़्त जोड़ियाँ बना रहा है ऊपर बैठे-बैठे

ऐसा नही, खुश हैं कई जोड़ियाँ देखा मैने
तुझे एक इसी बात पर नमन है
अब क्या कहूँ कैसे कहूँ
हमें थोड़ी सी इसी बात पर जलन है

हाँ, खुश हूँ मैं भी ख़ल्वत में
कभी-कभी झाँक लेती हैं पुरानी यादें
बस मेरी जोड़ी ही सही बनाई है तुने
जिसमें बाँधे हैं रंज-ओ-ग़म के धागे

पर ख़ैर यादें रूक जाती है, ज़िंदगी नही रूकती
तू ही करता धरता, फिर भी तेरी बंदगी नही रूकती।

हिज़[111] में मोहब्बत

तुझसे मोहब्बत होगी हिज़ में जानां

तकदीर का ताना के मेरे सबब तेरी कुर्बतें[112] है
चाहे लाख-चौरासी भुगत ले पर ये आलम न होगा
शबनम होगी फूलों के मानिंद आँखों पर, वो
महताब होगा तसव्वुर[113] में पर सर-ए-बाम[114] न होगा

मैं, जो कभी किसी से मुबाहिसे[115] नही करता
ग़म किसी का संभाल कर रखूँ, मैं रंजिश[116] नही करता
मालूम, के लग चुकी मोहर मोहब्बत के दस्तावेज़ों पर
अगर वो किसी ओर जानिब[117] जाने का करे ख़्याल
तो मैं अदाकार-ए-रंज[118] नही
एक तरफ तो उसको जी भर के सुनाऊँ
एक तरफ कहूँ ये कोई तंज़[119] नही

---

[111] हिज़ - वियोग, विछोह

[112] कुर्बतें - नज़दीकी

[113] तसव्वुर - ख़याल, कल्पना

[114] सर-ए-बाम - छत्त पर

[115] मुबाहिसे - बहस, वाद-विवाद

[116] रंजिश - नाराज़गी

[117] जानिब - दिशा

[118] अदाकार-ए-रंज - दुख का कलाकार

[119] तंज़ - ताना

तुझे इल्म नही कि कितने लड़के,
लड़कियों को रश्क[120] है हमसे
अगर तू थोड़ा सा भी रूठ जाए
कितने ही शग़ाफ[121] दिखाते है
आँखों में शोले लेकर लोग कहते हैं
तकदीर के अब्र-ए-कर्म[122], बच्चों को टॉफ़ी
देने के बहाने पुछूँ क्या चाहिए
तो इशारा तेरी तरफ दिखाते है

मगर ऐ मेरी हमनशीं फिर वो आलम भी आएगा
जब तकदीर का कहा सब सच हो जाएगा

शबनम होगी फूलों के मानिद आँखों पर
मैं झड़ जाऊँगा फिर नए पत्ते आंएगे शाखों पर
नदामत[123] ही कीजिये के खो दिए दस्तावेज़ बेपरवाही में
तकदीर को डूबो कर आए हैं सियाह सियाही में
सियाह-ए-चश्मी और यादों का दहर
हाफिज़ा कमज़ोर मेरी, पर यादें पहर-ओ-पहर

कभी सामने उसके न ख़्याल आया के
ये नूर-जहाँ जैसा चेहरा, ये मरमरी बाहें
यूँ गेसूओं से खेलना ऊपर से अदाएं

---

[120] रश्क - जलन
[121] शग़ाफ - दिलचस्पी
[122] अब्र-ए-कर्म - मेहरबानी
[123] नदामत - पछतावा, अफ़सोस

मगर अब सोचता हूँ कि,
खुदाई की हीरों की खान में कोयले की ख़ातिर
लोग सही कहते थे कि तकदीर के अब्र-ए-कर्म
जो शग़ाफ रखते थे हमारे मामले में
उनके ख़्वाब ता'बीर हो गए
हर किसी के अफसाने मुझ जैसे
के लोगों के ख़्वाब ता'बीर हो गए
हमने जो राहें बनाई, उन ही
राहों के हम राहगीर हो गए

अगर अब तंज़ भी हो तो किसे सुनाऊँ
नग्में दिल के अब किसे सुनाऊँ

अब तो तसव्वुर में ही वो महताब होगा
यादों का अक्षर चलता इंतिखाब होगा
और बड़ा बेटा भी हूँ तो ज़िम्मेदारियाँ भी है मुझपर

तो तुझसे मोहब्बत होगी हिज्र में जानां

रूमानी[124] बारिश - 2023

इन आशिक़ों को कैसे ये बारिशें रूमानी लगी

शायद ये भीगे होंगे अपने महबूब संग
जिस्म थर-थराता, दाँत किट-किट करते होंगे
होठों की हरारत[125] शायद मिली हो इनको
नज़ारे सुहाने फिर इधर-उधर के होंगे

जब-जब बिजली कड़कती, वे ख़्वाबों के सफर पे जाते
'वो दर-पेश[126] होती तो बिजली कड़कते ही गले लग जाती
बारिश की बूँदों का यही नफा कि इनका कोई रंग नही
भीगती वो बारिश में और रंग में मेरे रंग जाती'

किसी ने काटे पहरों-पहर फोन पर
बातें कुछ की मोहब्बत की, कुछ की बरहना सी
'सावन की बूँदें गिरती है जब-जब जिस्म पर
तुम्हारे लम्स का एहसास होता है तुम्हारे बिना ही'

शायद किसी ने इख़्तियार[127] माँगा ख़ुदा से कि
जिसे चाहता है वो, सपने देखे उस ही की मर्ज़ी के

---

[124] रूमानी - भावुकतामय प्रेम से परिपूर्ण, Romantic
[125] हरारत - गर्मी, आँच, तपन
[126] दर-पेश - किसी के समक्ष, सामने
[127] इख़्तियार - शक्ति, अधिकार

बारिश में रज-रज भीग कर बिमार पड़ जाए
माथे पर पट्टियाँ करे, चारासाज़ी[128] करे सर्दी के

ऐ मेरे दोस्तों किस सम्त जा रहे हो तुम
क्या ये तबाही के मंज़र की एक झलक न देखी तुमने
तुमने देखे महबूब के भीगते गेसू बस
इनसे हटके लोगों की नम पलक न देखी तुमने

वो किसान मदद कर रहा बारिशों की आँखों से
जिसकी पलक झपकते सारी फसल उजड़ गई
मेहनत का फल क्या खूब गीला-गीला दिया ख़ुदा ने
जो सीना तान खड़ी थी फसलें, एक पल में कूबड़ गई

कितने ही पहले रिश्तेदार पड़ोसी बिछड़ गए
कितने ही हो गए हैं बे-घर यारों
घर बहे मेहनत की बुनियाद पर खड़े थे जो
अब तो उतरो आशिक़ी के घोड़ों से शाह-सवारों

मुझे तो ये ख़ुदा की सरासर मनमानी लगी
इश्क़ के बाशिंदों[129] को बारिश सुहानी लगी

---

128 चारासाज़ी - चिकित्सा, उपचार, इलाज
129 बाशिंदों - नागरिक, वासी

हैरत है,
इन आशिक़ों को कैसे ये बारिशें रूमानी लगी
इन आशिक़ों को कैसे ये बारिशें रूमानी लगी

माज़ी[130]

कितना खास है ऐ माज़ी तू

आँखें मूँद कर जब तेरी सम्त आता हूँ
लब तबस्सुम[131] का स्वाद चख़ते हैं
जो सँभाल कर रखा है किरदार तुने मेरे महबूब का
हम उसे बड़ी अक़ीदत[132] से तकते हैं

वो मरमरी हाथ आँखों पर रखकर पूछती थी जब,
बताओ कौन?, तो सफर पर जाता था मैं जन्नत के
जब उसके लबों पर चिंता, गुस्से और मोहब्बत के
मिलाव के मुकालमे[133] मिलते, तो इशारे लगते थे इबादत के

एसे खुशरंग नज़ारे देखकर लौटता हूँ जब तेरे दर से माज़ी
खुशियों की गठड़ी बाँध कर विदा करता है तू मुझको
कभी उसके लबों का ज़ायक़ा कभी हाथ पकड़ने के जज़्बे
कभी जुल्फ़ों से खेलने के नज़ारे अता करता है तू मुझको

मैं भी कितना मतलबी हूँ ओ माज़ी, तुझे तब
मिलता हूँ, जब खुद की हयात से मायूस हो जाता हूँ
जब-जब ज़माने को फुर्सत मिलती मुझे रंज-ओ-ग़म में रंगता

---

[130] माज़ी - अतीत, बीता हुआ समय

[131] तबस्सुम - मुस्कुराहट

[132] अक़ीदत - श्रद्धा, प्रेम एवं आस्था

[133] मुकालमे - संवाद, डायलॉग

तब-तब तेरी सुकून भरी सोहबत[134] में सो जाता हूँ

मगर कुछ दिनों से बदले हैं तेवर तेरे भी माज़ी
एक ऐसा किरदार दिखा रहा है तू मेरे महबूब का
जो मेरे नाम करके मोहब्बत की जागीर सारी
प्रवासी है जो अब मेरे दिल के हुदूद[135] का

एक तो जुबान तरस रही सूखी रोटी को भी,
फिर क्यों तू ग़म दिखा रहा है जुदाई का
कितना रोना पड़ रहा है मोहब्बत के कत्ल पर, ग़ुर्बत
सहारा दे रही रोने में, सहारा क्यों लूँ फिर तन्हाई का

कितनी ऐश से पाला था तेरी मोहब्बत ने मुझको
मालूम न था कि ज़िंदगी ऐसी भी होती है
तुझसे बिछड़ कर मालूम हुआ है मुझको
कि मर्द ज़ात भी फूट-फूट कर रोती है

ज़माना भी कुछ कम नही, माज़ी तू भी कुछ कम नही
चार चाँद लगा रहा है मेरे दुख में तू
जो दुखदायी यादें दिखा रहा है तू मुझको
महबूब नही, रोटी ज़्यादा याद आती है भुख में यूँ

कितना दुख रंग है ऐ माज़ी तू

---

[134] सोहबत - संगत
[135] हुदूद - सीमाएँ, श्रेणियां, हदें

एक कदम

एक कदम बस ओर बढ़ा
तू एक कदम बस ओर बढ़ा
सूर्य अस्त से पहले, अपनी
जीत का तू शंख बजा

अँधेरे का प्रकोप हो
चाहे मुश्किलें खड़ी हो सौ
लक्ष्य की तू आँख भेद
चाहे दिये की बुझी हो लौ
पैरों में पड़े छाले
तू सीना तान हो खड़ा

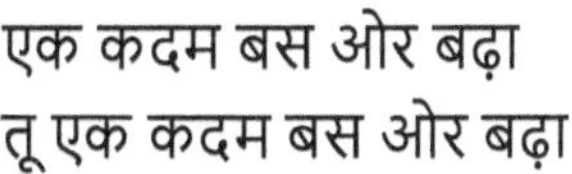

एक कदम बस ओर बढ़ा
तू एक कदम बस ओर बढ़ा

भूल न तू पंथी आज
क्यों है इस पथ का
तू ही है योद्धा, तू ही
सारथी इस रथ का
जीता है वही, हालातों
से है जो-जो लड़ा

एक कदम बस ओर बढ़ा
तू एक कदम बस ओर बढ़ा

अगले ही कदम पे

क्या पता सफलता हो खड़ी
जीत की माला लिए
ताकती हो घड़ी-घड़ी
आराम न कर, रूठ न जाए
सफलता क्या पता

एक कदम बस ओर बढ़ा
तू एक कदम बस ओर बढ़ा
सूर्य अस्त से पहले, अपनी
जीत का तू शंख बजाने

एक कदम बस ओर बढ़ा
तू एक कदम बस ओर बढ़ा

घड़ी

आज दीवार पर टंगी घड़ी देखी,
देखा कि घड़ी और दुनिया में ज़्यादा फर्क नही
ये मेरा 'विशु' से है अकेले का तर्क नही

ये घड़ी भी किसी अमीर-ज़ादे या सितमगर ने बनाई
होगी तभी तो उसने हक़ किसी को बराबर न दिया,
छोटे गरीब काँटे को हक़ नही के वो गति बढ़ा सके
पाबंदियाँ ही पाबंदियाँ है, हक़ नही के ऊपर खुद को
चढ़ा सके। गौर से देखूँ घड़ी को तो वाकई छोटा काँटा
दो काँटों ने कुचला हुआ है, जिसमें हिम्मत नही कि
उनकी बराबरी कर सके।
सबसे ऊपर का काँटा कोई अमीर-ज़ादा, जिस पर कोई
पाबंदी नही, जो एक मिनट में पूरी दुनिया घूम आए,
जिसे सबसे ज़्यादा हक़ दिए हैं।
अब खुद की बात करें या कहूँ जो बीच का काँटा है
जिसके पास हक़ न ज़्यादा, न ही कम तभी बीच का
बनकर रह गया, इसकी गति न ज़्यादा तेज़ न ही धीमी
तभी बीच का बनकर रह गया।
न जाने ये नियम बनाए क्यों, पहर-ओ-पहर घड़ी
को तकता रहा और सोचता रहा, कि ये घड़ी भी
किसी अमीर-ज़ादे ने बनाई होगी।

घड़ी और दुनिया में ज़्यादा फर्क नही
ये 'विशु' से है अकेले का तर्क नही।

सूरज बच्चा है अभी

सुबह के करीब आठ बजे उठा हूँ, नहा-धो कर खाना खाकर करीब दस बजे एक नज़्म लिखने बैठा हूँ, पर ज़हन में ख़्यालों की सियाही नही रही। शाम होने को आई है मैं अभी तलक कुर्सी पर बैठा सोच रहा हूँ और सूरज काम निपटा के घर जाने की तैयारी में है। रात के बारह बजने को है कोई लफ़्ज़ न उतरा पन्नों पर, सो मैं ज़हन के पन्नों पर नींद लफ़्ज़ लिखकर सो गया, सुबह चार बजे उठकर अँधेरे में एक नज़्म लिखी है सूरज पर और छे बजे फिर सो गया हूँ ताकि सूरज को ये न लगे कि कैसे कोई मुझसे पहले उठ गया।

सूरज रोने न लग जाए कहीं, सूरज बच्चा है अभी।

अलग दोनों की दुनिया

किताबों की दुनिया से बाहर झाँक जानां
एक और ख़ूब दुनिया भी है

हसरतों को खोल ज़ंजीरों से
ज़िम्मेदारियाँ न ज़ंग लगने देंगी
सहमी-सहमी सी अदाओं को शादाब[136] कर
बैनस्सुतूर[137] सी फिज़ाएँ न रंग भरने देंगी

टेबल लैंप की रोशनी मे काट रही दिन-रात
अर्श पर फड़फड़ाते नुकतों की शुआओं का एहसास देख
शिखर पर जवानी के जान कुछ मनसूबे
कितनी खुशरंग है, मिलके अपनी हयात से देख

पर ये तब हसीन लगेगा 'गर तू मोहब्बत के सम्त आए
तेरी तख़ईल[138] की किताब में रोज़ पाठयक्रम बढ़ जाए
तुम्हें हो जाएगी खुदकी ज़िंदगी से मोहब्बत
तेरे सुर्ख आरिज़ो पर मुस्कुराहट का दर्द चढ़ जाए

ये सब्ज़ फिज़ाए, ये हवा के झोंके, ये शाम का डूबता सूरज
हमराही के संग लगेंगे ये और भी खूबसूरत

---

136 शादाब - हरा-भरा, सरसब्ज़
137 बैनस्सुतूर - दो पंक्तियों के बीच में छोड़ी हुई जगह
138 तख़ईल - खयाल, कल्पना

अज़ीज़ हो जाएंगे ख़्वाब, सुर्ख़ सूट और शिंगर
मुस्तक़बिल[139] की दमकती दिखेगी उम्दी सी सूरत

मगर याद आया

ना सर पर साया बाप का तेरे, ज़िम्मेदारियाँ हैं तुझपर
गुर्बत मे काट रही है ज़िंदगी, उसे सुलझाना भी है
ज़िंदगी-ओ-मोहब्बत का फ़लसफ़ा न है तेरे खातीर
तुझे ज़िंदगी की तीरगी की लो को बुझाना भी है

'गर तु मोहब्बत कर भी लेती तो मेरा क्या भरोसा होता
मैं सरफिरा, अहद-ए-वफा करके तर्क-ए-मोहब्बत कर लेता
सब कोल, वचन तोड़ कर नई फुर्क़त[140] की दुनिया देता
जो झरने तुम देखती थी कुदरत के वो हकीकत कर देता

मगर

सुनकर अच्छा लगा के मोहब्बत से वहशत है तुम्हें
अज़ीज़ किताबें हैं और किताबों से ताकत है तुम्हें
तुम्हें घर भी सवारना है सवारनी है ज़िंदगी
तुमने नही देखे दुनिया के रंग यही शोहरत है तुम्हें

किताबों की दुनिया खूबसूरत है जाना
ना झाँक कोई और दुनिया के ख़ातिर

---

139 मुस्तक़बिल - भविष्य
140 फुर्क़त - दूरी, जुदाई

ग़म की एक नई अदा हूँ मैं

ग़म की एक नई अदा हूँ मैं
रोने की एक नई सदा [141] हूँ मैं

अब उसकी नज़रों में मैं कुछ नही
कभी कहती थी वो, ख़ुदा हूँ मैं

लफ़्ज़ जुबान पर ठहरे रह गए
पूछती तो कहता अच्छा हूँ मैं

एक-एक करके सब नोच लिया
ऐ ज़िंदगी कितना बचा हूँ मैं

तुझे ढूंडा ज़हन में कितना
बड़ी दूर तक चला हूँ मैं

उससे टकराऊँ, तो मोहब्बत हो
उसने सहेलियों को कहा, अँधा हूँ मैं

सिगरेट, शराब नही पीता ख़ूबी है
एक ऐब है, बहुत झूठा हूँ मैं

---

141 सदा - आवाज़

'जान' यही दिल ने प्यार से उसका नाम...

'जान' यही दिल ने प्यार से उसका नाम रखा था
जब उसने मेरे सीने पर माह-ए-तमाम[142] रखा था

मेहमानों का तो यूँ ही नाम हो गया, दरअसल
तेरे लिए यह सब करके इंतिज़ाम रखा था

चारागरों[143] से पूछ ज़रा दिल की अहमियत
तेरी एक मुस्कुराहट दिल का दाम रखा था

तेरा नम्बर तो ज़हन को याद है, एक
तेरा नम्बर ही फोन में बे-नाम रखा था

एक तुझसे ही मैं बेमतलब की बातें करता था
वरना ज़माने से तो मैंने काम से काम रखा था

एक ख़्वाब जो मेरा कभी पूरा न हो सका
एक ख़्वाब जो मैंने गुलाम रखा था

---

142 माह-ए-तमाम - पूरा चाँद (चाँद सा चेहरा)
143 चारागरों - इलाज करने वाले, डॉक्टर

वाह तेरा हुस्न-ओ-अदाएँ, छी तेरी तमीज़

वाह तेरा हुस्न-ओ-अदाएँ, छी तेरी तमीज़
अढ़ाई हाथ की ककड़ी नौ हाथ का बीज[144]

सीख   अहद - ए - वफ़ा के फ़न   भी
सीख   कैसे लगाएं बटन - ए - कमीज़

पैसा अक्सर बिगाड़ देता है, तभी तो
शहज़ादियों से अच्छी होती हैं कनीज़

मेरे तसव्वुर में तेरा हम - शक्ल
सचमुच तुझसे ज़्यादा है अज़ीज़[145]

कोई तो वृद्ध-आश्रम इनको मिलने आए
वैंटिलेटर पर जिंदा रखे हैं मरीज़

---

[144] अढ़ाई हाथ की ककड़ी नौ हाथ की बीज - दूर की हाँकना,
बच्चा तेज़ी और दुष्टता में माँ बाप से भी बढ़ा
[145] अज़ीज़ - प्रिय

वो तो साहिर है.........

वो तो साहिर[146] है उसके जादू पर नज़र जाती है
शब-ए-हिज्राँ[147] में जुदाई जैसे मोजिज़े[148] कर जाती है

उसके ग़म की एक गोली छन्नी-छन्नी कर देती है
फिर चारासाज़ो[149] की गोलियाँ बे-असर जाती है

हिज्र में रोया न रुसवाई के डर से
अब वो मंज़र याद करके आँख भर जाती है

मुझसे एक शख़्स नही भुलाया जा रहा
फिल्मों में कैसे किसी की यादाश्त मर जाती है

धुल तो उसने आँखों में पहले झोंकी थी
अब तो हवा से आँख में मिट्टी गिर जाती है

वो चाँद को देखकर बहुत खुश हुआ करती थी
अजीब लड़की है अँधेरा देखकर डर जाती है

इश्क़ में लड़के निकम्में हो जाते है
यारों पढ़ाई से सारी जून सुधर जाती है

---

146 साहिर - जादूगर
147 शब-ए-हिज्राँ - जुदाई की रात
148 मोजिज़े - करिश्मा, करामत
149 चारासाज़ो - उपचार करने वाला, डॉक्टर

हो गई है ज़िंदगी साईकल की चैन की तरह
हर दो कदम चलते ही उतर जाती है

वो कहे बादबाँ तना है

वो कहे बादबाँ[150] तना है, तो पतवार[151] की क्या ज़रूरत है
अच्छा! ,तू हुस्न-ए-कमाल तुझे श्रृंगार की क्या ज़रूरत है

सुना है तू तो खुद से ही मोहब्बत करती है
ऐसी बात है तो तुझे यार की क्या ज़रूरत है

गाहे-गाहे[152] डेढ़ दो बातें करती है बस, ऐ यार
तू सफर में साथ है तो अग़यार[153] की क्या ज़रूरत है

वो ज़ालिम कह रहा, घर में आराम ही तो फ़रमाती है
माँ, बहु, बेटियों को इतवार की क्या ज़रूरत है

---

150 बादबाँ - जहाज़ में लगाया जाने वाला पर्दा जिसमें हवा
भरकर जहाज़ चलाते हैं
151 पतवार - चप्पू
152 गाहे - गाहे - कभी कभार
153 अग़यार - अनजान, अजनबी

<u>एक दफ़ा.... .</u>

एक दफ़ा, मैं भी तो ज़रा हँस कर के देखूँ
इस रंज को एक दफ़ा बस कर के देखूँ

तुझे चाहे कोई, तो छोड़ दूँ उसके ख़ातिर
मैं भी उस जैसा ग़म महसूस कर के देखूँ

दुनिया को चाहे मैं देखूँ या न देखूँ
पर तुझे तो मैं खास कर के देखूँ

चाँद से पूछूँ तेरा नाम, तो पहचानने से मना करदे
आ हा! ज़मीन के चाँद को हँस कर के देखूँ

हसीन ही होता होगा, सो मेरे साथ भी हो
लिफ्ट में तेरे संग फंस कर के देखूँ

दिखा अहद का सबसे हसीन?

दिखा अहद का सबसे हसीन?, न इशारा तेरी तरफ करूँगा
वो तुझे चाहने न लग जाए, न बयाँ तेरे नाम का हर्फ़ करूँगा

'गर तुझसे वो बात कर भी ले, तेरे चेहरे पर मर भी ले
तेरी सदा सुनकर तुझे न-पसंद करे, तेरे पानी को बर्फ़ करूँगा

जिन पर कोई भी न हँसे, उन पर क़हक़हा[154] होगा मेरा
तेरे   सस्ते से लतीफों को मैं शग़फ़[155] करूँगा

तूने तो शह-पारा[156] मुसव्वरी[157] को वाह किया जानां
मैं मुसव्वरी की नही, मुसव्विर[158] की तारीफ करूँगा

टूट चुके हैं उसके तेग़-ओ-सिपर[159], अब हारने का उज़्र[160] है
सो मेरी तरकश के तीर, इस्तेमाल खुद के खिलाफ करूँगा

---

[154] क़हक़हा - खिलखिला कर हँसना

[155] शग़फ़ -

[156] शह-पारा - अति उत्तम रचना, बड़ी उस्तादी का काम

[157] मुसव्वरी - चित्रकला, पेंटिंग

[158] मुसव्विर - चित्रकार

[159] तेग़-ओ-सिपर - तलवार और ढाल

[160] उज़्र - बहाना

तुम जो आज फिर मुझसे मिलने आए हो

तुम जो आज फिर मुझसे मिलने आए हो
उसे क्या-क्या बहाने कहके आए हो?

मेरे ज़ख़्म तो कब के भर चुके है
तुम आज शोक मनाने आए हो?

पूरी बात क्या है, कहदो ज़रा तुम
तुम न सिर्फ हाल पूछने आए हो

कल ही तो कोई नया साथी मिला है
उसे देखकर क्यों तुम जलने आए हो

आँखों में नमी है किस बात पर
लगता है, आज मिलने तुम पूरे आए हो

तेरे ग़म का मैं ग़म-गुसार हो जाऊँ

तेरे ग़म का मैं ग़म - गुसार[161] हो जाऊँ
तू इयादत[162] ना ले तो दुबारा बिमार हो जाऊँ

सुना है तू दान देता है फकीरों को
इस बात पर थोड़ा सा बेजार[163] हो जाऊँ

तेरे इश्क़ में मज़ा नहीं मसाफ़त[164] में था
हाफ़िज़ा[165] कमज़ोर हो तो अग्यार हो जाऊँ

नींद-ए-शब से पहले जिसे तकता है तू
वही तेरी छत की दरार हो जाऊँ

इज़हार बिन शोहरत - ए - मुहब्बत
यानी बिन तैरे दरिया पार हो जाऊँ

---

161 ग़म-गुसार - सहानुभूति प्रकट करने वाला, हमदर्द
162 इयादत - बीमार को देखने जाना या हाल-चाल मालूम करना
163 बेजार - बहुत ही अप्रसन्न, नाराज
164 मसाफ़त - यात्रा, सफ़र
165 हाफ़िज़ा - यादाश्त

ज़िंदगी का बस यही काम था

ज़िंदगी का बस यही काम था
दुःख, ज़िंदगी का दूसरा नाम था

मोहब्बत से छुट कर नौकरी लगे जब
पता चला, बाप ने दिया अच्छा आराम था

ता - उम्र जिसने रोटी तक ना पूछी
तेरहवीं पर किया उसने अच्छा इंतिज़ाम था

हम मतलबी हुए तो लोग रूठे
ज़रा सा मतलबी रहना ज़माने का पयाम[166] था

फ़कीर अगर माँगने से शर्मा जाए
तो समझो उसका कभी अच्छा हंगाम[167] था

किस्मत ने तेरा भी हाथ ना थामा
ऐ ज़िंदगी चल मैं तो कुछ आम था

ख़ुशियों का सरमाया, मोहब्बत के बदले
वाकई कितना अच्छा दाम था

---

166 पयाम - संदेशा
167 हंगाम - ज़माना, काल, समय, वक़्त

जब ज़िंदगी सवरी, ना ज़िंदगी जी फ़िर
तब बस काम - काम - काम था

कभी-कभी मैं तेरा भी इंतज़ार करता हूँ

कभी-कभी मैं तेरा भी इंतज़ार करता हूँ
जब कभी मैं बस का इंतज़ार करता हूँ

हमसफ़र नही, इस सफर में तो दाख़िल हो
अक्सर यही दुआ मैं बार-बार करता हूँ

किस ढंग में तुझे ज़्यादा दर्द-ओ-मायूसी दिखे
मैं हर शब रोने में सुधार करता हूँ

जब भी तेरी याद आती है, धुआँ उड़ाता
पर ये काम मैं घर के बाहर करता हूँ

कल किसी बस में मिल जाएगी तू, यही
बस में चढ़ते हुए दिल को करार करता हूँ

होठों पर हँसी बहुत......

होठों पर हँसी बहुत, यानी बाँध बनाया तुमने आँसूओं पर
तुम छोड़ सकती हो मुझे, रुसवाई[168] का डर है अगर

तुम्हें खौफ है 'गर ज़माने का, तो क्यों दिखाए इतने ख़्वाब
इतने इंतज़ार के बाद क्यों कड़वा है मेरा समर[169]

एक लफ्ज़ कहती हो, और नज़र घुमाती हो चारों तरफ
तुम्हें मोहब्बत भी करनी है, और चाहती हो रहें सब बे-खबर

ये तू ख़ैर मना, के मैं मोहब्बत में हूँ नया
तजुर्बेगारों के ऐसी बातों पर टूट जाते है बाँध-ए-सबर[170]

खुद से ज़्यादा तुम्हें ख़्याल है परिवार का, हाँ
भूल गया था मैं तुम लड़की हो, तुम्हारी मजबूरियाँ है मगर

तुम पढ़ती हो 'भगत सिंह' गाती हो उस ही के नग्में
तुम बग़ावत कर नही सकती फ़लसफ़े हैं बे-असर

---

168 रुसवाई - बदनामी
169 समर - फल
170 बाँध-ए-सबर - सबर का बाँध

मैं तुफानों से कशती नही निकालता

मैं तुफानों से कशती नही निकालता
जुबान से बात सस्ती नही निकालता

घर का बड़ा बेटा हूँ, इसलिए तो
मैं बारिश में देह [171] से मस्ती नही निकालता

दूसरों को मशवरा देकर मुश्किलों से निकाल देता हूँ
पर खुदकी गाड़ी धसती नही निकालता

रोने के पहलू निकाल लेता हूँ तेरी गरीब यादों से
पर शहर-ए-दिल से बस्ती नही निकालता

मैं तुफानों से कशती नही निकालता

---

[171] देह - शरीर

अब आसमान से ओले नही शोले आएंगे

अब आसमान से ओले नही शोले आएंगे
इन सियासत-गरों को अब हिचकोले आएंगे

हम मज़दूरों को छोटा ही समझा तूने
तेरा गिरेबान पकड़ने यही बोने आएंगे

न बिजली आई, न ही पानी आया
चुनाव आए तो सब दोड़े दोड़े आएंगे

लाठियाँ चला कर किसानों पर, देकर मोत
फिर शोक में ये मुआवजा देने आएंगे

जन्नत है

वो मरमरी हाथ मेरी आँखों पर, जन्नत है
कौन झूठ कह रहा है कि बाद-ए-कबर,[172] जन्नत है

हाथ रखकर मेरी आँखों पर, उसने पूछा बताओ कौन
हाय ! पूछा उसने इस कदर, जन्नत है

उसे जीताने के ख़ातिर गलत नाम लिया मैने
उसकी जीत की खुशी का कहर, जन्नत है

जब हटे मेरे आँखों से हाथ उसके, फिर
ये दरख़्त, आसमान, हवा, दर-ब-दर, जन्नत है

वो हसीन पल न जाने कब आएगा, जब
मुझसे मिलने को सहेलियों से करेगी उज़्र, जन्नत है

शायद अव्वल पे नही है ये जन्नत, तो फिर?
दरअसल 'विशु' के लिए माँ के पैर, जन्नत है

---

172 बाद-ए-कबर - म्रत्यु के बाद

घड़ी-घड़ी मेरे होने का तुझे भम्र हो

घड़ी - घड़ी मेरे होने का तुझे भम्र हो
वो खुदा का 'गर थोड़ा सा अहले-कर्म[173] हो

महबूब मिले हू-ब-हू तुझे तेरे जैसा
जो बे - हया और बे - शर्म हो

हर बात पर जुबान सख्त रखे वो
हाथ उसके बेशक तेरी तरह नर्म हो

किसी ने कहा दर्द है तो चारा-साज़ी[174] कर
अरे जनाब जख़्म दिखे, तो मरहम हो

कभी खुदा की मर्ज़ी या इत्तफ़ाक़न तेरे घर आ जाऊँ
मगज़ तेरा ठंडा रहे चाय बेशक गर्म हो

अब उसी का ख्याल कर पलट कर न देख
ऐ लड़की 'गर तुझमें बची थोड़ी सी शर्म हो

---

[173] अहले-कर्म - उपकारी
[174] चारा-साज़ी - उपचार, इलाज

उसने कलाई काट कर अपना खून निक...

उसने कलाई काट कर अपना खून निकाल लिया
ऐ मेरी जान, तूने मेरा सारा सुकून निकाल लिया

पढ़ाई में अव्वल, फ़लसफ़े की बातें करती थी
फिर किसने, तेरा अफ़लातून निकाल लिया?

मेरे बारे में तक न सेचा तूने? जवाब दे?
उसने जुबान से कुन-फ़यकून[175] निकाल लिया

मैंने ख़त में लिखा 'लाल रंग के नाख़ून दिखाना'
शायद कासिद ने ख़त से नून निकाल लिया

रो रहा है वो बच्चा उसे चुप करओ कोई
उसके कलंडर से किसी ने जून निकाल लिया

---

175 कुन-फ़यकून - उसने कहा और हो गया

अब वो हवा दे तो बस लू लगती है

अब वो हवा दे तो बस लू लगती है
ज़ुबान से आप नही अब वो तू लगती है

उसने मेरे आँसूओं पर पानी फेर दिया कहकर
कि, फ़िराक़ में तुम्हारी आँखें बे-वजू[176] लगती है

जब कभी कोई फिल्म देखने बैठता हूँ तो
मेरे किरदार पर बनी हू-ब-हू लगती है

ये आँखें तुझे देखना नही चाहती अब
पर ज़हन में तेरी ही जुस्तजू लगती है

जिस कारीगर ने तेरे मोहल्ले के घर बनाए, उसके
शहर से गुज़रा, जानी पहचानी हर कू[177] लगती है

तेरा मैसेज होगा, जब भी फोन की घंटी बजे
बस मुद्दतों से यही आरज़ू लगती है

तुम्हारे जिस्म से आती है फूलों की खुशबू
'विशु' की शायरी में मोहब्बत की बू लगती है

---

[176] बे-वजू - बिना नहाया
[177] कू - गली

ख़ुदा ने इख़्तियार बख़्शा

ख़ुदा ने इख़्तियार[178] बख़्शा, तो सबके दिल का राज़ देखूँगा
न जाने क्या निकल आए, न तेरे दिल का राज़ देखूँगा

वाकई, क्या सचमुच में बला की खूबसूरत थी वो
वक्त में पीछे गया तो ताज नही मैं मुमताज़ देखूँगा

बिन कुसूर, मेरे पितरों के हाथ काट दिए जहाँ
मैं शाहजहाँ का ऐसा क्रूर राज देखूँगा

ख़ुदा था वो या था कोई उम्दा शायर
किसने लिखी गीता, बाईबिल, कुरान, नमाज़ देखूँगा

एक ख़ुदा दूसरे ख़ुदा की इबादत करता है
वो हसीन मंज़र होगा, जब उसे पढ़ते नमाज़ देखूँगा

शोहरत-ए-मोहब्बत इतनी काम नही आती, लोगों से सीखा
सो मैं भी दामाद बनाने से पहले काम-ओ-काज देखूँगा

कितने युद्ध, कितने ही संघर्ष के बाद
सीता माँ को श्री राम जी पर होता नाज़ देखूँगा

ख़ुदा ने इख़्तियार बख़्शा

---

178 इख़्तियार - शक्ति, अधिकार

शब-ए-हिज्र मेरे सर पर आई हुई

शब-ए-हिज्र मेरे सर पर आई हुई
जबसे उसके फोन से आँख मिलाई हुई

डर नही के छोड़ जाएगा, बस हैरत है
कितनी शिद्दत से झूठी कसमें खाई हुई

मेरे फसानों पर कौन करेगा निस्बत[179]
यही कहेंगे, ये कहानी है सुनी-सुनाई हुई

शब-ए-हिज्राँ में सुना रही है लतीफे
होठों पर हँसी, आँसूओं से नज़र चुराई हुई

अब उस कूचे में नही है इज़ाफ़ा कोई
ठेके पर ली है, किसीने गदाई[180] हुई

बस यही फर्क है तुझमें और मुझमें
मैंने रातों से तूने ग़ैरों से आँख लगाई हुई

---

179 निस्बत - लगाव, संबंध
180 गदाई - भीख माँगने का काम, भिक्षा-वृत्ति, भिक्षाकर्म

किसी की जुदाई से हमें क्या लेना

किसी की जुदाई से हमें क्या लेना
हिज्र की रुसवाई से हमें क्या लेना

हल्दी दूध सेहत के लिए अच्छा होता है
तुम्हारी आबला-पाई[181] से हमें क्या लेना

लाल चुड़ियाँ तो ध्यान खीचती हैं
तुम्हारी सुनी कलाई से हमें क्या लेना

मैं तो यूँ ही नही सोया रात भर
तुम्हारी नींद गवाई से हमें क्या लेना

हम इश्क़ में मात खाए हुए, अब
सलाह-ए-पसपाई से हमें क्या लेना

जब मेरे हक़ में ही नही फैसला होगा
तो किसी की गवाही से हमें क्या लेना

मोहब्बत सचमुच अँधा कर देती है
महबूब की अच्छाई-बूराई से हमें क्या लेना

किसी की जुदाई से हमें क्या लेना

---

[181] आबला-पाई - पैरों में छाले पड़ना

मत तो आ ही चुके है हक़ में, अब
बढ़ती मंहगाई से हमें क्या लेना

मुद्दतों बाद आज दराज़ खोला है

मुद्दतों बाद आज दराज़ खोला है
मैने अपनी मोहब्बत का राज़ खोला है

तेरी निशानियाँ इसमें लावारिस पड़ी है
आज ज़ंजीरों से ग़म मोहताज खोला है

ख़ल्वत का एक यही नफ़ा है, यादों
का इसने हर बार दर-ए-मजाज़[182] खोला है

जब - जब शराब का ढक्कन खुला
तब - तब मैने दुख मिज़ाज खोला है

बस कुछ आँसूओं के बदले में
दर्द-ए-दिल का मुफ्त इलाज खोला है

---

[182] दर-ए-मजाज़ - गुज़रने का दर खोलना

न ज़रा सा........

न ज़रा सा, न गुस्से में उसको बे-हद देखा
यानी, न मैने ख़ूबसूरती का ऊँचा पद देखा

'लग रही हो ख़ूबसूरत', कहा न मानी वो
तस्दीक के ख़ातिर उसने आईना खुद देखा

'मतलबी दुनिया', मैंने दुनिया को इस नज़र से देखा
उसने अजूबे छोड़ कर दुनिया का दर्द देखा

हार बैठूँगा दिल 'गर उसे मुड़ कर देखा
मालूम था फिर भी इसके बावजूद देखा

हसीन लम्हा, दोनों के परिवार आमने-सामने
वो चोर नज़र से देखे, हमने भी मंद-मंद देखा

'विशु' ने खुद को नही, लोगों को रोते चुप कराया
मैंने इससे बड़ा न कोई हमदर्द देखा

चल बता हकीकत समझूँ या इसे भ्रम समझूँ

चल बता हकीकत समझूँ या इसे भ्रम समझूँ
तू छोड़ जा रही, तुझे बेवफ़ा या अपने कुकर्म समझूँ

मैं तो ग़ुस्ल-ख़ाने में रो आया जानां
दिल की तसल्ली के लिए तेरी आँखें नम समझूँ

जब ग़ैर संग तुझे देखा तो छुप गई थी तू
हैरत है, इसे डर या तेरी शर्म समझूँ

न कोई तक़रीर[183] न गुफ्तगू की कोई
वाकई जा रही हो या बरहम[184] समझूँ

जा रही हो तो मेरे नाम का छल्ला छोड़ जाओ
इसे निशानी नही, यादें संभालने वाला खम[185] समझूँ

---

183 तक़रीर - बात, बातचीत
184 बरहम - गुस्सा, नाराज़
185 खम - स्तंभ जो भार उठाए रहता है

हाँ, अब तुझे हक़ बराबर दूँगा

हाँ, अब तुझे मैं हक़ बराबर दूँगा
जितना तूने दिया बस उतना प्यार दूँगा

उससे बात नही करनी, दूर रहो, इतना शक
अब तुझपर भी इतना ही एतबार दूँगा

'गर मैं करूँ ऐसा, तुझमें-मुझमें फर्क नही
तुझसे कम लूँगा, तुझको ज़्यादा प्यार दूँगा

बचे हुए प्यार में उल्ली न लग जाए
तुझे ही वो प्यार मैं उधार दूँगा

कोई और शख़्स कब का छोड़ जाता
इस टके के प्यार को अच्छा मे'यार दूँगा

ज़्यादा प्यार की अदाकारी करने वाला दिखा
निलामी में 'विशु' को तेरा वो किरदार दूँगा

ख़ुदा ने कैसा मोहब्बत का दलदल बनाया

ख़ुदा ने कैसा मोहब्बत का दलदल बनाया
सवाल बनाया पर न कोई हल बनाया

उसके बारे में अब मैं क्या ही बताऊँ
उसने भेड़ों को ठंड देकर कंबल बनाया

जब कभी तेरी पूरानी सहेली मिलेगी तो पूछूँगा
सच बता किसने किसको पागल बनाया

एक चिड़िया नाराज़ है तुझसे मेहरम
तूने हकीकत में नही तस्वीरों में जंगल बनाया

तूने मेरी तवक्क़ो[186] को परवाज़ न दी
तूने सहरा[187] में प्यासों के लिए नल बनाया

उसका महबूब गिरता रहता होगा, शायद
तभी बनाने वाले ने लफ्ज़ संभल बनाया

---

186 तवक्क़ो - आस, उम्मीद
187 सहरा - रेगिस्तान, मरुस्थल

तुझे छोड़कर मैं, क्या ख़ूब पछताता हूँ

तुझे छोड़कर मैं, क्या ख़ूब पछताता हूँ
अपनी गलतियों से मैं पर्दा हटाता हूँ

यूँ ही नही ये आँसू बाहर आते
इन्हें यादों का आईडी कार्ड दिखाता हूँ

लतीफ़े[188] नही सुनता किसी के भी
मैं अब हँसने से घबराता हूँ

जहाँ - जहाँ हमने लम्हात गुज़ारे
बस की तरह वहाँ रूकता जाता हूँ

तुम अब हँसती नही हो जानां
मैं भी अब किसी को कहाँ हँसाता हूँ

तुम्हारे साथ तो सकून! , ख़ैर छोड़ो
मैं इन बातों को भुलना चाहता हूँ

तुम मेरे घर यूँ आती हो
जिस तरह मैं तुम्हे याद आता हूँ

ग़ुर्बत मे टूटी चप्पल को जोड़ जोड़
मैं अंदर से टूटता जाता हूँ

---

[188] लतीफ़े - चुटकुले

तर्क - ए - मोहब्बत करके अब मैं
अहद-ए-वफ़ा के फलसफे सुनाता हूँ

जैसी मेरे साथ कर रहा है तू ख़ुदा
फिर भी मैं हाथ नही सिर्फ ऊँगली उठाता हूँ

देर से

ऐ ख़ुदा तुने हमेशा हर चीज़ देर से दी है मुझको

चाहे चैन की नींद हो, चाहे सकून की हवा
चाहे ज़िंदगी सवास्थ्य रखने को पैसों सी दवा

हर चीज़ बहुत देर से मिली है मुझको

चाहे हिज्र में आँसू हो, चाहे रोने का सकून
चाहे दुख के साल में आराम का जून

हर चीज़ बहुत देर से मिली है मुझको

चाहे ग़लतियों का एहसास हो, चाहे माफी के मुक़ालमे[189]
मेरे सबब कोई रोया हो नदामत[190] लानी हो ख़्याल में

हर चीज़ बहुत देर से मिली है मुझको

शबाब की मोहब्बत मिली, ज़िम्मेदारियों की रुत में
खुशियाँ मिली जब होंठ, तबस्सुम का पता भुल गए
मेहनत का फल मिला, बे-मोसमी वक़्त पर
मक़बूलियत मिली जब, जवानी के दिन फ़ुज़ूल गए

---

[189] मुक़ालमे - डायलॉग
[190] नदामत - पछतावा, अफ़सोस

ऐ ख़ुदा तुने हमेशा हर चीज़ देर से दी है मुझको

ऐ ख़ुदा तुने हमेशा हर चीज़ देर से दी है मुझको

फ़र्क़

मुझे क्यों आने देती हो अपने सपनों में
सिलसिला रोक लो तुम बंदिशें लगा भी सकती हो
तुम्हें मालूम है नही हो सकते एक हम
मेरी नज़र से ख़ुद को तुम बचा भी सकती हो

तुम विरासत की दोलतों मे पली-बड़ी
तुम न-वाक़िफ हो ज्येष्ठ, आषाढ़ की धूपों से
मुझे विरासत में गरीबी, किसानी, मज़दूरी मिली
तुम न-वाक़िफ हो मेहनतकश रूपों से

मैं उन पितरों, उन नस्लों का बेटा हूँ
जिन्होंने तुम्हारे महलों को चकाचौंध रौशनाई दी
जिन्होंने ख़ून-पसीने से उसारी तुम्हारी मिनारें
फिर उन ही को तुमने प्रवेश की मनाही दी

इन अमीर घरानों ने हमेशा गरीब क़ौम को
कुचला, हक़ छीने और उन पर कर लगाए
फिर वोट का घड़ा भरने को ख़ुद के
दो-मुँहे किरदार से गरीबों के पैर धुलवाए

दान करने के गुण और शक्ति
मुझे पितरों से विरासत में मिली
तुम शहरी-ख़वातीन[191], तुम्हारी देह से लगा है आराम

---

[191] शहरी-ख़वातीन - शहर की लड़की

तुम्हें ये आदत सी गुड़धानी रियासत में मिली

मैं 'गर बैठता हूँ बड़ी कारों और बंगलों में
तो ये मत सोचना कि मैं तुम्हारी क़ौम का हूँ
ये मेरी मेहनत से कमाई हुई दोलत
मैं तो किसानी, सादगी वाली प्यारी क़ौम का हूँ

यही फ़र्क है तेरी और मेरी दुनिया में
तुम मुझसी और मैं कैसे तुमसा हो जाऊँ
अगर हम हो गए एक तो ये डर रहेगा
कि क्या पता मैं तेरे अज्दाद[192] जैसा ना हो जाऊँ

तुम्हें ये आदत सी गुड़धानी रियासत में मिली

---

[192] अज्दाद - पुर्वज

खूबसूरत मलाल

मलाला है गरीबों को दान कर
ख़म्याज़ा ये कि मोहब्बत रह गई

जब-जब गुज़रा बू-ए-कूचे[193] से
तब-तब गरीबी के तशहीर[194] देखे
झोपड़ियों में जलते लहू से दिये
भुख, आस के शिशु मुंतशिर[195] देखे

जब भी गुलाब लेने रूका तेरे ख़ातिर
इनके गदाई[196] के अंदाज़ हमदर्दी जगाए
इनकी नस्ल के लोगों ने मासूम शक्ल कर
जब इस क़दर आगे हाथ फैलाए

तो गुलाबों के बदले इनके कश्कोल[197] भर दिए
इनकी हयात पे तो मोत भी तरस न खाए
लोग 'गर हैं खिलाफ कुनबा- परस्ती[198] के
तो क्यों इन्हें इतनी बड़ी क़ौम नज़र न आए

---

193 बू-ए-कूचे - बदबूदार गली

194 तशहीर - प्रचार

195 मुंतशिर - बिखरे हुए, तितर-बितर

196 गदाई - भिख माँगने की क्रिया

197 कश्कोल - भिख माँगने वाला बर्तन

198 कुनबा-परस्ती - nepotism

पहली बार मोहब्बत और हमदर्दी के
एहसास ने हयात का दर खटखटाया है
अमीर घर के शहज़ादे, राजकुमार को
हयात ने अब असल दुनिया में जगाया है

जब भी सोचा तुझे खास तोफा देने का
हमदर्दी ने दान की बंदूक दिखा लूट लिया
फिर रूठ गए मेरे इश्क़ के पितर
मनाने के ख़ातिर क्या-क्या न किया

हयात के पस-ए-मंज़र[199] किरदारों को दे अहमियत
सह-अभिनेत्री को अहम भूमिका से गवा दिया
अब ये हयात अंतराल तक न पहुँचेगी
इसके सत्वाधिकार[200] गरीबी के नाम करवा दिया

मलाला ही सही गरीबों को दान कर
मेरी मलालत से किसी को तबस्सुम[201] तो आए
मुझे मोहब्बत नही लगी तो क्या
शायद इनकी दुआ ही लग जाए

---

[199] पस-ए-मंज़र - पृष्ठभूमि, background
[200] सत्वाधिकार - कॉपीराइट
[201] तबस्सुम - मुस्कुराहट

लंबे फासलों के रिश्ते

सफर मे हूँ और गाड़ी से भी तेज़
एक ख़्याल जिसमें तेरा हम -शक्ल
जिसके संग बरसों बाद हमारी मुलाकात के
मंज़र का अभ्यास कर रहा हूँ पल-पल

तुम जब मिलोगी तो यूँ भींच कर गले
लगाओगी कि जब-तलक रूह से रूह न मिले
तुम मेरे होठों पर होठ रख साँसों के नज़दीक आकर
नजात न दोगी जब-तक साँसों की खुशबू न मिले

तुमने आँसू टाले होंगे मेरी यादों में ये कहकर
कि उसके सामने आना कि रोना ज़ाया न हो
और हसरत हो कि आँसू जल्दी पोछूँ
कि शिद्दत से किया श्रृंगार भी ज़ाया न हो

तुम्हारी आरीज़ों पर जब ऊँगुलियों से पोछा लगाऊँ
तो तेरे मन की सदा सुने, फिज़ा क़त'ई शीत हो
मैं भी रो पड़ूं ऐसा माहौल बनाया हो तुमने
कि पस-ए-मंज़र कोई रूमानी, ग़मगीन संगीत हो

मगर भ्रम की बर्फ़ हक़ीक़त की जलन से पिघली
तुने मेरी हसरतों को पामाल[202] कर जब हाथ मिलाया

---

[202] पामाल - कुचला, कुचलने का भाव

ये क्या कि तर्क-ए-ताल्लुक[203] बिन इल्तिजा[204] के
तूने हमारे रिश्ते की कलाई पर दोस्ती गुदवाया

शायद वो शख़्स न हो तुम
उस को तो अच्छे से पहचानता था मैं
माँ के अलावा, एक उस ही
औरत को तो अच्छे से जानता था मैं

यकीन है तुम तो उसके मानिंद[205]
दिखने वाली हो कोई कपटी, फरेबी
जो उसकी सूरत पहनकर
कर रही है खुद - फ़रेबी

मैंने तो मुलाकात का मंज़र यूँ सोचा था, कि
तुम मिलोगी तो हाल पुछने से पहले गले लगाओगी
ज़ार-ज़ार रो कर कुछ मेरा हाल जानोगी
और पहर-ओ-पहर फिर अपना हाल बताओगी

और पढ़ाओगी अपनी डायरी जिसमें ग़ैर-हाजरी
से मेरी, तुमने किस कदर काटी जिंदगी
और मेरी मोजूदगी के इम्कान[206] के ख़ातिर
छोड़े खाली पन्नों से दिखाओगी, कैसे की मेरी बंदगी

---

[203] तर्क-ए-ताल्लुक - सब ताल्लुक तोड़ना
[204] इल्तिजा - गुज़ारिश, विनती, निवेदन
[205] मानिंद - तरह, जैसा
[206] इम्कान - हो सकने का भाव, संभावना

किसी रोज़ वक़्त से मुलाकात होगी तो कहूँगा उससे
'पाठ्यक्रम बदल, तेरे सबब मेरी प्रेम कहानी अधूरी है'
तेरे एक मुकालमे ने देख क्या कर दिया
क्यों पढ़ाया लोगों को कि बदलाव ज़रूरी है

भ्रम में खुश रहता मैं 'गर मुलाकात न होती
काश तू ही, न आने का झूठा उज़्र कर जाता

काश मैं ही सफ़र में तेरे ख़्यालों में हो मसरूफ़
कोई हादसे का शिकार हो मर जाता

उस ही जैसी

मुझसे पहले जिस लड़की से तुमने मोहब्बत की
मेरे हिस्से में भी वैसी ही मोहब्बत करदो
वही सादगी, वही भोलापन, वही धड़ल्ले की शर्म
वैसी ही मेरे हिस्से में भी क़ुर्बत करदो

मैं न कहती हूँ कि तुम मुझे दो तमाम वक़्त अपना
न ही कहती हूँ कि मान लो मुझे अपना ख़ुदा
हाँ पर एक तवक़्क़ो रखी है तुमसे, कि
ढूँड लाओ ख़ुद का पुराना शख़्स, जो है गुम-शूदा

वैसी ही तड़प, उत्साह, धैर्य, तपाक का मिश्रण देना
जैसे उसे देखकर कल तुम्हारे चेहरे पर आया था
वही अंदाज़, आँखे नम कर, होठों पर रख तबस्सुम
देना, जब तुमने उससे मेरा त'आरूफ करवाया था

ऐसी बेचैनी न देखी कभी तुममें मैंने ख़ुद के लिए
जैसी उसे ओझल देखकर तुम्हें हो रही थी
ऐसा लहजा न देखा जैसे ग़म ने डब की हो अवाज़,
मेरे लिए न हुए, जैसे उसके लिए लफ़्ज़ों की निकासी हो रही थी

ये कोई रश्क नही है, रश्क से भी ऊपर की चीज़ है
कि अब तलक वो शख़्स, वो माज़ी क्यों हुआ नही पराया
उसने तुम्हें खोकर भी पाक, ताहिर पाया है
मैंने तुम्हें पाकर भी तुम्हें नही पाया

क्यों नही आ सकती मेरे हिस्से में वो मोहब्बत

क्यों नही तुम ख़ुद का बासी किरदार दे सकते
एक दिन के लिए ही सही, झूठी अदाकारी करो
क्यों नही तुम वो एहसास, जज़्बे वैसा प्यार दे सकते

तुम माँगती हो वैसी मोहब्बत तो जाओ बे-वफ़ा हो जाओ
तर्क-ए-मोहब्बत कर, मेरी मोहब्बत को गवार कहना होगा
फिर बरसों बाद तुम्हें देखकर आँखे नम कर दिल से कहूँगा
ऐसी औरत पे मोहब्बत खर्च की छी! ऐसा प्यार सहना होगा

डर दिल में ये भी कि तुम मेरी मोहब्बत को गवार न कहदो
इस सबब भी मैने तुमसे वैसी मोहब्बत न की
और कैसे करता ग़म - ए- उलफ़त सहकर जानां
बे-ताक़त टूटे दिल ने ज़हन के आगे बग़ावत न की

तुम वैसी हो नही सकती, तुम्हें वहशत है बेवफ़ाई से
बस यही फ़र्क है तुझमें और उसमें जानां
जब प्यार के बदले प्यार मिले तो खुशरंग लगती है हयात
तुमसे मिला है मुझको, तभी खुशी है तुमसे जानां

तुम्हें तो याद होगा जो-जो तुमने जिंदगी में पहली बार किया
वक़्त के साथ इन यादों पर झुर्रियाँ आएँगी, ये ज़्यादा जी नही सकती
मगर इस अहद में पहली मोहब्बत जिस-जिसने भी की
उनकी यादाश्त खो जाने पर भी, यादें मिट नही सकती

माँग न मुझसे तू हयात की पहली सी उलफ़त, अब न
कड़ी धूप में एक झलक के लिए आशीक आवारा पैदा होगा
उस वक़्त तो थी पास बे-शुमार फुर्सत की दुनिया
अब ज़िम्मेदारियाँ हैं, परिवार के खातिर न अब सोदा होगा

मैं लायक नही तुम्हारे

कैसे कह दूँ कि मैं करता हूँ तुम से बेहद मोहब्बत

तुझे तो इल्म कि तुझे चाहा था दो शख़्स ने
जिनके ख़्वाबों में बस तेरा ही गुज़र रहता
कभी इस ख़्वाब से तू उस ख़्वाबों में
तेरा अक्सर ही चलता लम्बा सफ़र रहता
मेरी तख़ईल की दुनिया की तू अहम किरदार
मेरा क्या मैं तो पस-ए-मंज़र रहता

मैं जो ख़्वाब सुनाता था बिन इशारे तेरी जानिब
उसमें झूठ का ज़ायक़ा डालता रूचि बढ़ाने को
कि तुझको यूँ लगे कि मैं ही हूँ वो शख़्स जो
आया है पाक मोहब्बत करने और दिल की आयतें पढ़ाने को
जिसे नही किसी जिस्म, किसी सूरत से लगाव
जो आया है सिर्फ इश्क़-ए-रूह सराहने को

मगर मेरे टूट गए भ्रम सारे तब, जब
देखा रक़ीब को उसके सारे ख़्वाब सुनाते
ऐसी मोहब्बत जो कभी किसी ने न की
ऐसे जज़्बे जो सुन ख़ुदा-ए-इश्क़ भी पछताते
पछताते के क्यों उन्होंने न की ऐसी मोहब्बत
दिग्गज मोहब्बत करने वाले सुन दिल थाम जाते

रक़ीब का कहना 'तेरे होठों पर सदा तबस्सुम रहे
जिससे मेरे होठ नक़ल करे मुस्कुराने की

कोई शर्त नही कि मोहब्बत के बदले मेरी हो
मैंने तो चाहने की बातें की, न पाने की
वो दूर है, मुनासिब है, नज़दीक आए तो क्या पता
मैं जानकर उसके ऐब, सोच बैठूँ रिश्ता तोड़ जाने की’

तुम इस सदमे में हो कि मैंने तुमसे
अचानक से ही मोहब्बत करनी छोड़ दी
पर मैं खुश हूँ ये काम करके
कि मोहब्बत की बाग-डोर रक़ीब पर छोड़ दी
जो तुम्हारे लायक है जानां !
मैंने उसके लिए ये राहें खुली छोड़ दी

हाँ वो बात अलग है कि तुम खुश रहती थी मेरी सोहबत
पर कैसे कह दूँ कि मैं करता हूँ तुम से बेहद मोहब्बत

हैरत की तो बात है!

इतना आम सलूक है कैसे तेरा
बरसों बाद, आज जो मिली है मुझको तू
मेरी जान क्यों नही निकल रही
जब कर रही है आम लहजे में बातें यूँ

एसे लफ्ज़ न थे तेरी जुबान के बाशिंदे
तेरे लहजे में तो रहती थी सदा गर्मजोशी
जब पुकारती थी तू मेरा टके का नाम, तो
अच्छे-अच्छे नामों की हो जाती थी नमोशी

तेरा सलूक तो था तपाक, उत्साह से मिलना
खासकर जब मैं तेरी नज़रों के दायरे में होता
तू तो ख़ुदा से पहले मुझे तर्जीह[207] देती थी
तू तो कहती थी खुशरंग न हो जिंदगी 'गर मैं न होता

पर आज देखलो बदले है आलम कैसे
तू यूँ बात कर रही है जैसे कुछ न था हमारे बीच
मेरी न जाने क्यों जुबान हक्कला रही है बात करते
मैं क्यों तुम्हे देख रहा हूँ अक़ीदत से आँखें मीच

मेरे हालात देखकर तेरा ये हमदर्दी का लहजा
जिससे बू आ रही है मुझे कड़वी दवाईयों की
जैसे दे रही हो ये मेरी हयात को जीने का होंसला

---

[207] तर्जीह - प्रमुखता, श्रेष्ठता, priority

जैसे तूने पाया हो मुझे गली शौदाईयों की

तू इस ग़लत-फहमी में मत रहना कि
तेरे जाने के बाद मैने ख़ुद को बर्बाद किया
ज़िम्मेदारियाँ और जेठे के फ़र्ज़ के साथ
साथ , हमें ग़ुर्बत ने नाशाद किया

ग़ुर्बत ही है कोई रोग नही जो बदल न सके
बदल जाएँगे हालात, वक़्त के हथोड़े तले
तुमसे क्या गिला, क्या शिकवा करना
यहाँ तो बदल जाते हैं लोग भले भले